LK⁷ 381

VOYAGE

AUX

GROTTES D'ARCY.

Quand Fillette connait l'amour
Adieu les jeux de son enfance

Pag. 60.

Dessiné par Huot

Gravé par Touvier

VOYAGE

AUX

GROTTES D'ARCY,

SUIVI

DE POÉSIES FUGITIVES

ET

DE PENSÉES DETACHEES.

Par A. Deville, Professeur d'Histoire naturelle à l'École centrale de l'Yonne.

Indulgete jocis.

IMPRIMERIE DE MUNIER.

A PARIS,

Chez Gérard, Libraire, rue Saint-André-des-Arcs, n° 44.

AN XI.

A

MME BOURRIENNE.

O vous dont l'amabilité
Fait la parure la plus belle !
Vous qui donnez à la bonté
Une grâce toujours nouvelle ,
Oubliez pour quelques instans
Vos occupations chéries ,
Et que mes folles rêveries
Vous fournissent un passe-tems.
Dans le voyage de la vie
Il nous faut des délassemens ,
Et la Raison aurait moins d'agrémens ,
Si l'on ne caressait quelquefois la Folie.

Daignez, MADAME, agréer
l'hommage d'un Opuscule qui,
sous vos auspices, doit obtenir

quelque succès. Puisse ce léger
badinage vous rappeler les rives
de l'Yonne ! Votre souvenir y
remplit tous les cœurs, et vous y
trouverez toujours de vrais amis.

Salut et respect,

A. DEVILLE.

VOYAGE

AUX

GROTTES D'ARCY.

Il existe dans le département de l'Yonne, près du village d'Arcy-sur-Cure, des grottes calcaires moins merveilleuses que celles d'Antiparos, mais cependant assez intéressantes pour que le ministre Colbert les ait fait visiter, en 1670, par l'académicien Perrault.

On raconte depuis long-tems sur ces grottes des singularités que j'étais curieux de vérifier. J'attendis la saison la plus favorable à ces sortes d'observations, et par une belle matinée

A

d'été, j'entrepris cette petite excursion, accompagné d'un ami.

> Dans le printems de mon âge,
> . L'Amour à chaque voyage
> Était toujours de moitié ;
> Enfin, devenu plus sage,
> Je préfère l'Amitié.

Arcy n'est qu'à six lieues d'Auxerre, et
nous aimâmes mieux aller à pied. Cette
manière de voyager est la plus simple
et la plus instructive. Quand on est en
voiture, tout l'intervalle compris entre
le point de départ et celui d'arrivée, est
nul pour l'observateur. Que de sites
agréables sont négligés! Combien de remarques curieuses échappent! Que de
plaisirs perdus! Heureux Spillard (a)!
vous qui fîtes le tour de la terre avec le
seul secours de vos jambes, de quelle
masse de faits votre mémoire a dû s'en-

richir! chaque heure vous offrait un
nouveau tableau, et chaque objet une
nouvelle jouissance. Nous marchâmes
pendant une heure sur un terrain calcaire, laissant à gauche des coteaux
couverts d'un pampre blanchi par la
poussière, et observant à droite la
riante plaine d'*Augy*. Le zéphir mati-
nal agitait mollement les tiges flexibles
des graminées, quelques pêcheurs s'a-
cheminaient lentement vers les bords
paisibles de l'Yonne, et le croassement
de plusieurs bandes de corbeaux, qui
regagnaient les nombreux clochers
d'Auxerre (*b*), était le seul bruit qui
troublât les airs. Tout-à-coup une suite
de sons discordans et prolongés vint
frapper notre tympan, et nous
vîmes paraître sur la colline de Saint-
Bris une troupe nombreuse d'animaux

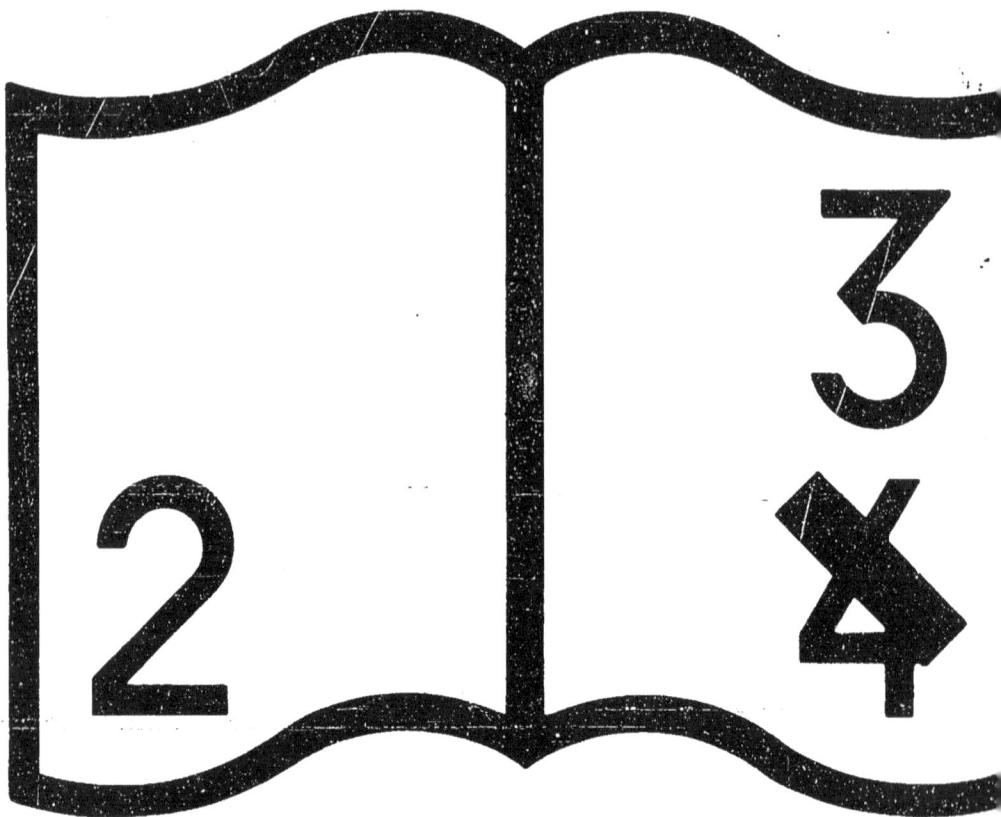

Pagination incorrecte — date incorrecte

NF Z 43-120-12

du genre *equus*. Leur dos crucifère,
leurs oreilles reclinées nous les firent
aisément reconnaître

Pour ces utiles serviteurs
Dont on cite la patience,
La sobriété, la prudence
Et surtout les tendres ardeurs.
Pourtant chacun de nous les fronde :
N'est-ce donc rien que tout cela ?
Il est tant d'ânes en ce monde,
Qui n'ont pas ce mérite-là.

Un savant du canton, qui se trouvait
là, comme par hasard, nous apprit que
les chefs de cette troupe asine avaient
été tirés des haras de Courson, bourg
voisin, où de tems immémorial il y a
eu beaucoup d'ânes. La tradition du
pays assure même qu'une des filles de
l'ânesse de Balaam y fonda une colo-
nie, dont les descendans se rendirent
célèbres par leurs services, lors de
l'invasion des Eduens dans cette partie
de la Gaule celtique (c), et c'est à la

légéreté de leur *course*, continua l'antiquaire, que la commune de *Courson*
doit son nom.

Cette étymologie nous parut si bien
raisonnée, que nous en prîmes une
note sur nos tablettes, pour l'ajouter
à l'éloge de l'âne du docteur *Heinsius*.

Notre discoureur voyant que nous
goûtions son érudition, nous accompagna jusqu'à Saint-Bris, et nous pro-
posa de visiter son cabinet. Nous y
remarquâmes, parmi différens fossiles
recueillis sur plusieurs points du département, une ammonite de six pieds
de diamètre (*d*), et une dent canine
d'éléphant, de quinze pouces de longueur (*e*). Ce sont, nous dit-il, des
médailles du déluge, et vous jugez que
ces reliques datent de loin.

> Le monde a six mille ans, dit-on,
>   Mais avec plus d'un sage,
> Je crois le monde un vieux barbon
>   Qui déguise son âge.

Passant à des tems moins reculés ,
il nous fit voir un couteau de basalte ,
trouvé près du bourg de Druyes, dans
la vaste forêt de Frétoy ; ce qui in-
dique infailliblement un instrument
des anciens Druides (*f*) ; une borne
de granit sur laquelle on lit *bandritum* (*g*) ; elle fesait partie de la voie
romaine qui passe à Bassou ; des lances
et des mors de bride, tirés d'un champ
près de Fontenoy en Puisaye, monumens authentiques de la sanglante bataille que les trois fils de Louis le Débonnaire se livrèrent en 841. (*h*)

Nous aperçûmes dans un coin une
épitaphe qui dut à sa simplicité le
respect des Iconoclastes ; elle est ainsi
conçue :

> Ci gît Campenon de Saint-Bris ,
> Qui trois fois en sa vie
> Fit le voyage de Paris.

Il paraît qu'à l'époque où ce voya-

geur termina sa carrière, on allait
plus difficilement à Paris, qu'on ne va
maintenant aux Indes. L'antiquaire
nous montra, de sa croisée, l'église
patronale où était placée cette inscription ; saint Germain fit élever ce temple vers 430, dans l'endroit où il découvrit, par révélation, la tête de
saint Prix, dont le nom s'est changé
en celui de *Saint-Bris.*

Abordant ensuite l'histoire moderne,
il s'étendit complaisamment sur celle
de son pays ; et d'après une disserta-
tion très - profonde sur le parallèle
qu'on pouvait établir entre les belles
de Saint-Bris et celles de Lesbos, nous
conclûmes que ce curieux, aussi galant
qu'érudit, n'avait pas toujours aimé les
antiques.

En sortant de Saint-Bris nous attei-
gnîmes le sommet du monticule d'I-
rancy. C'est un des points les plus

élevés des collines agrestes qui ceignent le territoire auxerrois ; on y découvre un vaste horizon, où, parmi des vallons semés de pâturages et des coteaux couverts de vignes, s'élèvent plusieurs groupes d'habitations décorés du nom de villes.

C'est là que les petites passions ont fixé leur séjour : c'est là qu'on trouve des gens assez heureux pour jouir d'un sort indépendant , mais point assez sages pour apprécier les dons de la nature ; moins riches de ce qu'ils possèdent que pauvres de ce qu'ils n'ont pas, le moindre revers les accable , et l'embonpoint d'autrui les fait maigrir.

Dans le voyage de la vie ,
L'homme devrait conduire à ses côtés
Deux consolantes déités ,
Dont rarement il fait sa compagnie.
L'une , qui des malheurs fait entrevoir la fin ,
Est la docile Patience ;
Et l'autre , qui jamais ne médit du prochain ,
Est la généreuse Indulgence.

Au nord-ouest, nous reconnûmes
Auxerre,

> Ville célèbre par ses vins (*i*) ,
> Par ses arides promenades ,
> Par ses caustiques mascarades
> Et par ses quolibets malins.

Nos regards remontèrent ensuite
l'Yonne, et nous aperçûmes Coulange,
la-vineuse. Cette petite ville possédait
autrefois plus de vin que d'eau (*k*), et
l'on raconte que la foudre ayant incen-
dié plusieurs maisons, plus de cent
feuillettes de bon vin furent vidées
pour arrêter le ravage des flammes.

> Joyeux sectateurs de Bacchus ,
> Combattiez-vous la triste esquinancie ,
> Lorsque ce funeste incendie
> Fit prodiguer un si doux jus ?
> A vous appartenait la gloire
> De lutter contre Jupiter ;
> Il aurait mieux valu tout boire ,
> Et puis imiter Gulliver. (*l*)

Nous n'oubliâmes pas que cet en
droit a vu naître l'inventeur de la cire

A *

à cacheter (*m*), comme Auxerre a
vu fabriquer le premier serpent qui se
soit fait entendre dans un chœur de
cathédrale; instrument grave et tortueux, qui, après avoir servi à soutenir
la voix des chantres, a conduit plus
d'une fois nos armées à la victoire.

Non loin de Coulange on remarque
les carrières de Bailly; elles fournissent une pierre calcaire mêlée d'as-
troïtes et de turbinites bien conservées.
Ces corps marins sont une des preuves
indubitables du séjour des mers sur
notre continent : cette réflexion repor-
tant nos idées à l'époque où le balan-
cement d'une immense quantité d'eau
forma toutes les inégalités que nous
apercevions, il nous sembla voir la
tribu silencieuse des cétacées, parcourir
les champs qui sont maintenant le domaine de l'homme.

Et ces plaines deviendront encore

un fond de mer; le sommet des montagnes offrira des îles nouvelles, et le fond de l'Océan, comblé par le détriment des substances qu'il nourrit, par les dépôts qu'y amènent continuellement les fleuves, deviendra à son tour l'habitation de l'espèce humaine (*n*). Telle est la marche éternelle de la nature; tout change de forme et de place, et la matière seule est impérissable.

Nous continuâmes notre route en passant en revue les différens systèmes géologiques, que des génies inquiets ont créés pour expliquer la naissance du monde: efforts sublimes, mais impuissans, qui ne peuvent, tout au plus, faire connaître qu'un des points du cercle immense que décrit l'éternité !

La cloche d'Irancy (*o*) nous tira de nos rêveries spéculatives, et nous rappela que son église a été reconstruite

sur les dessins du célèbre architecte
Soufflot, qui y avait été baptisé. On ne
peut voir ce petit pays, sans penser à
son vin agréable, dont les moines de
Saint-Germain d'Auxerre fesaient un
si heureux mélange avec celui de leur
fameuse Chênette : mais tout passe en
ce bas-monde, et ce dernier crû perd
chaque année de son mérite. Ainsi a
déchu le vin d'Orléans, qu'Henri 1er
emportait avec lui lorsqu'il allait à la
guerre, persuadé que cette liqueur
excitait aux grands exploits.

> Le courage est-il un délire
> Qui nous fasse affronter la mort,
> Et pour braver les coups du sort,
> Faut-il que la raison expire ?
> L'Américain, gorgé de rum,
> Se rit des hasards de la guerre,
> Et le Turc, ivre d'opium,
> Ne redoute aucun adversaire.
> Chez les guerriers, s'il est commun,
> Avant la marche de bien boire,
> Le Français a prouvé qu'à jeun
> On peut voler à la victoire.

Un tourbillon de poussière nous annonça de loin l'arrivée d'un somptueux équipage. C'était, en effet, une élégante berline, mollement suspendue sur des ressorts de fabrique anglaise. Nous aperçûmes un visage rebondi qui en tapissait le fond, et qui, dirigeant obliquement ses yeux sur nous, semblait nous plaindre d'aller à pied. Au même instant une carriole sautillante, où dix militaires étaient entassés pêle-mêle, vint croiser l'autre voiture, et nous offrir le contraste de la gaîté sans richesse et de la richesse sans gaîté. Nous crûmes reconnaître une espèce de *prœbitor,* animal avide, insensible et omnivore, qui courait se gorger de butin dans des champs où nos soldats ne cueillent que des lauriers.

Ainsi chacun fait sa moisson
Suivant le goût qui le domine ;
L'un ne cherche que la farine,
L'autre se contente du son.

Voyez cingler vers l'Amérique
Ce vaisseau plein de passagers,
Ils affrontent mille dangers
Pour un bonheur hypothétique.
Enfin, poussé par les zéphirs,
Le bâtiment touche au rivage;
Alors des plus rians plaisirs
S'enivre gaîment l'équipage.
Le trafiquant croit tenir l'or,
Qu'il va bientôt suivre à la piste;
Moins avide, le botaniste
Dans une fleur voit un trésor.
L'un n'est heureux qu'en espérance,
Et du sort est toujours jaloux;
L'autre, plus simple dans ses goûts,
Trouve par-tout la jouissance.

Arrivés à Vermanton, nous fîmes halte chez un ami qui nous attendait à déjeûner. Les naturalistes ne voyagent pas comme les chevaliers de l'Arioste, qui parcouraient l'un et l'autre hémisphère sans s'occuper de leur estomac; le nôtre demandait tout bas un peu de pitance, et nous promettait en retour un peu de plaisir. Conduits par l'appétit, nous eûmes bientôt pris

place autour d'une table, où l'amitié
nous offrit les meilleurs comestibles
du département. On y avait réuni,
dans un très-petit espace, des truffes
de Châtel-Gérard, des navets d'Esnon,
des écrevisses d'Yonne, un melon d'A-
poigny, du fromage de Soumaintrin
et des vins de Chablis et de Tonnerre.
L'ami de son pays ne va point chez
ses voisins chercher des productions
exotiques; s'il les met à contribution,
ce n'est que par des échanges, et il se
garde bien de les vanter aux dépens de
celles qui l'entourent.

Après le déjeûner, nous remarquâmes les apprêts d'une fête qui devait embellir la journée. C'était un *ap-
port*, c'est-à-dire une réunion où
tous les amateurs du voisinage devaient
apporter beaucoup de gaîté. Nous
allâmes voir la construction de ces îles
flottantes, qui, nées dans les forêts

du Morvan, vont, en suivant le fil de
l'eau, élever dans Paris ces énormes
piles de combustibles, que chaque
année voit réduire en cendres. Nous
visitâmes ce pertuis, devenu fameux
par le courage d'un militaire d'Accolay,
qui se jeta au milieu du torrent, quoique privé d'un bras, pour sauver son
jeune frère. Plusieurs poëtes du département ont célébré cet acte d'intrépi-
dité, bien commun parmi des guerriers
à qui tous les genres de bravoure sont
familiers.

Nous ne pûmes voir les bords de la
Cure, sans songer que, non loin de là,
le fougueux Saint-Bernard prêcha dans
les murs de Vezelai, la seconde croi-
sade qu'entreprit la folie des rois.
Deux cent mille hommes périrent dans
cette malheureuse invasion, victimes
du vœu indiscret d'un chef supersti-
tieux ; expédition ridicule qui fut re-

nouvelée cent ans après ; tant il est
vrai que l'expérience des pères est
presque toujours perdue pour les enfans.

Notre hôte nous accompagna jusqu'à
Regny, belle maison située dans une
plaine agréable, au pied d'une colline
couronnée de bois. C'était naguère
une riche abbaye de Bernardins.

> Cinq ou six moines, bons vivans,
> L'un pour l'autre fort indulgens,
> Y coulaient une heureuse vie ;
> Ayant leur cave bien garnie,
> Régalant très-bien les passans,
> Et multipliant les enfans
> Pour l'intérêt de la patrie.

Comme nous observions ce paysage,
nous vîmes sortir d'entre les brous-
sailles un chasseur très-plaisamment
accoutré : il avait une carafe d'eau dans
une poche et une chandelle dans l'autre.
Nous étions fort inquiets de ce qu'il

comptait faire de cette chandelle ,
quand nous le vîmes armer son fusil
et abattre un coucou, dont les plumes
se trouvèrent mouillées et nullement
ensanglantées. Le chasseur se mit à
rire de notre surprise, et nous apprit
qu'il bourrait son fusil avec du suif, et
qu'il se servait d'eau au lieu de plomb.
En effet, l'oiseau revint bientôt de son
étourdissement, aussi frais que si on
l'eût pris à la pipée. (*p*)

Cette singulière manière de chasser
nous amusa beaucoup, et nous re-
grettâmes qu'elle ne s'étendît pas à
toutes les espèces malfesantes.

Il est certains oiseaux, qui dans le nid des autres
  En tapinois vont déposer leurs œufs ;
  Ils sont galans; ils font les bons apôtres ,
Et le soin de couver n'existe pas pour eux.
On les voit se parer de différens plumages ,
  Mais ce sont bien de vrais coucous:
  Ah! qu'au repos on rendrait de ménages ,
    Si l'on pouvait les noyer tous.

Nous cheminâmes une heure sur une route raboteuse, avant d'arriver au château d'Arcy. Cet édifice est assis sur le sommet d'un rocher, au pied duquel serpente la petite rivière de Cure. La vue en est très-pittoresque, mais le sol est fort ingrat. Nous comptions saluer, en passant, la dame du lieu, femme charmante, dont on cite en plus d'un pays, l'esprit et les talens;

A la tristesse de ces lieux
Nous devinâmes son absence;
Mais nous fûmes, sans doute, heureux
D'être privés de sa présence.
Il est aisé de s'enflammer
Quand on est doué d'un cœur tendre,
Et qui ne voudra pas aimer,
Ne doit ni la voir ni l'entendre.

Le village d'Arcy était autrefois défendu par le château de Digogne, que les Calvinistes détruisirent au seizième siècle. On y remarque encore le

château de Vaux - Sainte - Marie - lès-
Arcy, dont les tristes tourelles et les
créneaux démantelés, annoncent plus
encore la maussade architecture de nos
grands-pères, que les ravages du tems.
C'est à M. d'Assay, propriétaire de ce
dernier châtelet, qu'on s'adresse pour
avoir la clef des grottes. Nous nous
disposions à lui présenter nos hommages, lorsque son suisse nous dit
que les grottes étaient ouvertes, et que
nous y trouverions tout ce qu'il fallait
pour les visiter.

En descendant la colline, nous ap-
perçûmes une longue suite de rochers
entrecoupés de bois, et offrant, de
distance en distance, des cavités qui
ont évidemment été creusées pour en
extraire de la pierre. Un sentier étroit
et agréablement ombragé, nous conduisit à une grande arcade, qui semble
former le portail des grottes. A dix pas

de là elle s'étrécit et se termine en une petite porte, haute de quatre pieds. Cette ouverture était autrefois ovale, mais depuis un siècle et demi, on l'a fermée en partie d'un chambranle de pierre de taille.

L'entrée de cette porte est si basse, qu'on ne peut y passer que courbé : autrefois elle devait être beaucoup plus spacieuse, car on monte pour y arriver, et on en descend pour parvenir au sol des grottes. Il est probable que les terres qui obstruent ce passage, proviennent du sommet du rocher qu'on a nivelé pour y planter des vignes ; elles forment un talus le long de ces roches qui sont coupées à pic dans toute cette partie. Ainsi on peut croire que, dans l'origine, l'entrée des grottes, dont on ne voit maintenant que la voussure, était au niveau du vallon où elles s'élèvent.

Nous trouvâmes sous cette voûte une lanterne et quelques morceaux de cordes goudronnées; nous en allumâmes deux, et quoique nous fussions sans guide, la curiosité et nos torches nous aidèrent à pénétrer dans cet antre obscur.

. La première salle qu'on rencontre, a une voûte d'une figure plate et toute unie; on.y voit des blocs de pierre qui ne paraissent détachés ni du plafond ni des parois, et on remarque, en différens endroits, des traces de marteau. (*q*)

De cette salle, on passe dans une autre beaucoup plus spacieuse; sa longueur est d'environ quatre-vingts pieds. On y trouve de gros quartiers de pierre, entassés confusément en quelques endroits, et épars dans d'autres. A droite, on voit un petit lac où se réunissent toutes les eaux qui suintent sans cesse du sommet des grottes. Ce réservoir n'est pas très-profond, mais comme il s'étend assez loin sous une voûte fort basse, il serait dangereux de s'y engager.

On entre ensuite dans une troisième salle, large de quinze pas, et longue de deux cent cinquante. La voûte a plus de courbure que les précédentes, et est élevée d'environ dix – huit pieds. Les molécules pierreuses qui sont entraînées continuellement par les eaux qui distillent de cette voûte, y ont produit de nombreuses stalactites, dont le superflu tombant à terre, s'élève en stalagmites. Ces deux pyramides, en se réunissant par leurs sommets, forment des colonnes et des arcades qui se recouvrent par étages, et qui sont ornées de petits cônes renversés et percés dans le centre, d'un tuyau d'où l'eau découle goutte à goutte.

Cette salle se termine en s'étrécissant, et tout l'intérieur est tapissé d'un grand nombre de stalactites. On passe de là sous une voûte très-basse et fort longue, qui nous conduisit dans une autre un peu plus élevée, où nous remarquâmes des stalactites qui avaient affecté mille formes bisarres. Nous passâmes dè là dans une grande pièce, séparée de la précédente par des stalagmites disposées en pyramides. La voûte est garnie d'énormes concrétions, qui nous offrirent différentes perspectives, et dont les reflets variés formaient un tableau pittoresque.

Nous observions ces jeux de la nature, en suivant la marche de son travail, et nous calculions les siècles qu'elle prodigue pour accomplir ses desseins. Un air épais circulait autour de nous; un silence profond régnait dans cette sombre caverne, et notre

âme,

âme, livrée à d'abstraites rêveries, se
plongeait dans la nuit des tems. Soudain, d'harmonieux accords semblent
s'élancer vers nous du fond des grottes;
nous écoutons attentivement, la surprise se peint dans nos regards, et je
m'écrie avec ravissement :

> Est-ce à la reine de ces lieux
> Que l'on doit cette symphonie ?
> Que son accueil est gracieux !
> Que ses chants ont de mélodie !
> Dans ce palais d'albâtre elle fait son séjour,
> Cette harmonie aisément le dénote.
> De Calypso c'est donc ici la grotte,
> Car j'aperçois les nymphes de sa cour.

En effet, un essaim de jeunes femmes
traversa rapidement l'extrémité de
notre salle. Cette apparition subite,
le charme d'une musique romantique,
la décoration bisarre de ce lieu merveilleux ; tout contribua à produire
sur nos sens des effets magiques.

B

Cette illusion était trop agréable
pour que nous cherchassions à la dé-
truire ; mais on soupire sans cesse après
de nouvelles jouissances, et nous ne
pûmes résister au desir de voir de plus
près les nymphes légères que nous
n'avions qu'entrevues : nous nous élan-
çons de leur côté, le pied nous glisse,
nos flambeaux s'éteignent, un silence
obscur succède aux sons voluptueux
qui animaient la scène, et nous nous
crûmes un instant précipités de l'O-
lympe au fond du Ténare.

Un mouvement de curiosité
Depuis long-tems a perdu l'homme ;
On se souvient de la fatale pomme ,
Et du bonheur qu'elle a coûté.

Nous nous relevâmes avec quelques
contusions, et fort incertains de l'issue
de cette aventure. Il fallut beaucoup
tâtonner avant de trouver un passage ;

mais à quoi nous servit-il? Nous étions
dans un dédale, et nulle Ariane ne se
présentait pour nous en tirer. Enfin,
surmontant toute honte, nous nous
décidâmes à appeler à notre secours.
Mille éclats de rire se firent alors entendre, et nous vîmes paraître, à la
lueur des flambeaux, une société nombreuse d'*Avalonais*.

Cette troupe folâtre, que nous reconnûmes aussitôt, nous raconta, qu'ayant
appris à Vermanton que nous devions
visiter les grottes, elle avait projeté
de nous surprendre par une scène
fantasmagorique. Nous remerciâmes
ces aimables thaumaturges ; les jeux
et les ris habitèrent un moment ce
triste souterrain, et si la pièce qu'on
nous avait jouée, avait séduit nos sens,
le dénouement nous offrit des jouissances moins illusoires.

Une femme jeune et jolie attira notre

attention, par les remarques singulières qu'elle fit sur la distribution des
grottes. Tandis que ses compagnes ne
voyaient que des pierres et de l'eau,
son imagination féconde lui prêtait un
prisme enchanteur, et tout se méta-
morphosait à ses yeux. Elle nous conduisit dans une salle que nous n'avions
point encore visitée.

« Admirez, nous dit-elle, d'un air
« d'enthousiasme, ce Muséum de la na-
« ture! Observez avec quelle munifi-
« cence elle reproduit sans cesse de nou-
« veaux prodiges! Remarquez - vous
« cette femme qui tient un enfant dans
« ses bras? Voyez - vous cette petite
« forteresse carrée, flanquée de cinq
« tours, que des soldats semblent
« garder? Ici, c'est un buffet d'orgues
« dont les tuyaux sonores peuvent
« rendre des airs agréables; là, c'est
« un énorme champignon qui offre des

« fleurs noires sous son dôme doré.
« Tout, enfin, compose ici le palais
« d'une fée, et je ne me lasse point
« d'admirer ce merveilleux specta-
« cle (q). » — « Votre imagination
« est une charmante brodeuse, dis-je
« à cette aimable naturaliste, et c'est
« pour vous la fée qui embellit ce séjour.
« J'envie votre heureuse illusion, mais
« tous ces êtres fantastiques ne sont
« que de brillans prestiges. Avant d'a-
« voir visité ces grottes, je m'attendais
« à trouver tout ce que vous croyez y
« voir; malheureusement j'étais trop
« bien prévenu, et je n'aperçois dans
« toutes ces belles figures, que des
« anamorphoses semblables à celles
« qu'on découvre dans les nuages. » (r)

Le monde réel à nos yeux
  Cesse bientôt de plaire,
Chacun se trouve beaucoup mieux
  Du monde imaginaire.

> Espérer, c'est plus que jouir
> Et l'épreuve en est prompte;
> Car dans le plus parfait plaisir
> On trouve du mécompte.

Cette vérité ne parut pas convaincre la dame ; elle caressa son erreur, et je crois qu'elle la conservera long-tems; au surplus elle fera bien.

> La vie est un aimable songe
> Pour ceux qui savent en jouir :
> Qu'importe que tout soit mensonge,
> Si chaque erreur est un plaisir ?

Nous sortîmes de cette salle par un passage étroit, qu'on nomme le *trou-madame*. Nous vîmes dans la pièce suivante un grand nombre de chauves-souris qui voltigeaient autour de nos flambeaux. Le plafond de cette salle est très-uni, et ce fut pour nous une nouvelle preuve que cette excavation a été faite par la main des hommes. On remarque au milieu une petite voûte qu'on entend résonner lorsqu'on la frappe du pied; on croit qu'un bras de la rivière de Cure passe dessous.

Cette salle se termine par des piliers d'albâtre, adossés à des roches qui montent jusqu'au-dessus de la voûte, laquelle finit en s'étrécissant, et laisse un passage si étroit et si bas, qu'on ne peut s'y glisser qu'à plat ventre. Ce détroit s'appelle le *trou du Renard ;* il est peu fréquenté, mais nous voulions tout voir, et cet obstacle ne pouvait nous arrêter. Un jeune homme un peu replet voulut nous frayer le chemin ; à peine eut-il rampé jusqu'à la moitié du trou, qu'il ne put ni avancer ni reculer, et les aspérités de ce passage le retinrent si fort, qu'il fallut quatre personnes pour le dégager (*s*).

Son anxiété dura assez long-tems pour lui faire craindre qu'on ne fût obligé d'attendre son amaigrissement

pour le tirer de ce mauvais pas. Malgré cette épreuve fatigante, un autre
champion se présenta : une taille effilée
permit à celui-ci de se glisser jusqu'au
bout du passage ; chacun voulut ensuite l'imiter : les plus maigres pas-
sèrent les premiers, et la chute de
quelques stalactites ayant agrandi la
brèche, tous les assiégeans eurent bientôt pénétré dans la place.

Nous fûmes agréablement dédom-
magés de nos peines, par la beauté de
deux salles que nous trouvâmes. La
première offre une voûte toute unie
dans une longueur de cent pas ; quelques rochers et une pyramide en tapissent le fond, d'où l'on pénètre dans
une seconde salle, la dernière des
grottes, la plus grande et la plus belle
de toutes. Elle est remplie de blocs de
pierre, recouverts de nappes d'albâtre,
de pyramides de différentes dimen-

sions, formant des perspectives très-
pittoresques, et d'un grand nombre de
stalactites qui affectent les figures les
plus bisarres.

« Eh bien ! nous dit l'admiratrice
« de ces jeux d'une puissance invisible,
« la fée qui d'un coup de sa baguette a
« créé tant de merveilles, a voulu in-
« terdire aux timides mortels l'accès
« de son sanctuaire ». — « Ainsi, répon-
« dis-je, la patiente persévérance par-
« vient seule à soulever le voile épais
« dont la nature enveloppe ses opéra-
« tions mystérieuses. »

Lorsque nous eûmes tout vu, nous
prîmes un chemin rétrograde, route
pénible remplie de boue et de rocailles,
et nous sortîmes de cette caverne après
en avoir détaché quelques stalactites,
que nous emportâmes comme des monumens de notre excursion souter-
raine ; semblables à ces pélerins qui

B *

ne reviennent jamais sans coquilles.

Au sortir des grottes, nous trouvâmes un repas champêtre préparé
sous le feuillage. Le plaisir que fait
naître une surprise agréable, la beauté
du site, les agrémens d'une société
enjouée, nous firent passer une heure
qui s'écoula trop vîte, et nous nous
séparâmes de cette troupe aimable pour
continuer nos recherches et nos observations.

Hélas ! si pour changer de place
Nous nous succédons tour-à-tour,
Du moins celui qui nous remplace
Se verra déplacer un jour.
Puisque tout change sur la terre ,
Doit-on blâmer le changement ?
L'Amour même est un locataire
Qui garde peu son logement.

Nous remontâmes la Cure, et après
avoir examiné attentivement les rochers calcaires qui bordent cette rivière, nous fûmes convaincus que ces

grottes, sur lesquelles l'amour du merveilleux a répandu des descriptions
exagérées, ne sont que les divisions
d'une carrière abandonnée, où la main
du tems a fait disparaître les traces du
travail. Plusieurs monumens antiques,
dont on voit les vestiges dans le voisinage, en ont sans doute occasionné
l'excavation.

Ainsi, sur le bord de la Meuse
. S'ouvre une carrière fameuse,
D'où Liége et Mastricht sont sortis ;
Ainsi, la moitié de Paris
Sur une mine caverneuse
Voit tous ses bâtimens assis.

Les grottes naturelles se forment
par l'affaissement des rochers, par
l'irruption des eaux, ou par l'action des
feux souterrains ; et nulle de ces causes, toujours bisarres dans leurs effets,
n'a pu produire les cavités symétriques
des grottes d'Arcy, dont toutes les

dispositions présentent à l'observateur
l'ouvrage des hommes plutôt que celui
de la nature. (*t*)

A une lieue de cette carrière, en
suivant la rive gauche de la Cure ,
nous trouvâmes des ruines , qu'on
présume être celles d'une ancienne
ville, nommée *Chora* (*u*) , du tems
de l'empereur Julien, et dont une partie de l'emplacement s'appelle aujour-
d'hui *Ville-Auxerre.* (*v*) Cet endroit,
près duquel on voit des restes de la
fameuse voie romaine qu'Agrippa fit
construire pour aller de Lyon à Bou-
logne, présente un plateau ovale, en-
vironné de vallons profonds et flanqués
à l'est de roches perpendiculaires, qui
s'élèvent en gradins , et au pied des-
quelles la Cure roule ses eaux.

On découvre à l'entrée de ce tertre,
des vestiges d'une enceinte , de deux
portes et de cinq tours. Le fossé creusé

au pied, quoique presque comblé, est
encore très-visible; et les murs, ainsi
que les tours, présentent la même pierre
calcaire que celle qui forme les parois
des grottes.

Un vieillard en nous voyant con-
templer ces ruines, nous dit qu'autrefois il existait là une grande ville, qui
a été détruite sans qu'on sache *quand
ni comment.*

Et ces lieux, jadis habités
Par les puissans maîtres du monde,
N'offraient à nos cœurs attristés
Qu'une solitude profonde.....

Que sont devenus ces héros
Dont la fureur rougit la terre ?
Hélas! au sein de la poussière
Nous en trouvâmes quelques os ;
Le tems, de sa faulx meurtrière,
Avait sur eux gravé ces mots :

« D'un Sarmate vois la dépouille,
« Dans cent combats il fut vainqueur ;
« Et quelques dards rongés de rouille
« Sont les restes de sa grandeur. »

On nous montra effectivement des
morceaux de ferraille que le soc de la
charrue avait fait découvrir..... L'histoire des tems héroïques se retraça
vivement à notre pensée; nous fîmes
de belles réflexions sur les vanités humaines; mais comme un siècle de tristesse ne vaut pas une heure de gaîté,
nous quittâmes ces lieux sauvages pour
revoir le site pittoresque des grottes.

Si, comme des ombres légères ,
Nous paraissons ici-bas tour-à-tour ,
    Ecartons de notre séjour
    Les illusions mensongères ,
    Et s'il nous faut quelques chimères ,
    Préférons celles de l'Amour :
    Cet aimable enfant doit le jour
    Au terrible dieu de la guerre ;
    Mais du moins , par un doux retour ,
Il répare en tous lieux les maux que fait son père.

A mesure que la scène variait , nos
idées changeaient. Notre âme est une
glace qui réflèchit la couleur des objets

qui l'environnent, et cette disposition à sentir le plaisir succéder à la peine, est souvent ce qui nous aide à supporter la vie.

Nous arrivâmes insensiblement sur la pelouse touffue qui tapisse le bas de la colline où sont renfermées les grottes. D'un côté, des rochers escarpés que le pampre couronne, recèlent mille oiseaux dont les chants variés se prolongent d'échos en échos ; de l'autre côté serpente la Cure, dont les eaux paisibles invitent par un doux murmure aux plus tendres rêveries. Des prairies émaillées et des bois mystérieux bordent cette heureuse rivière, qui, par la tranquillité de sa course, semble quitter à regret ces lieux enchantés.

Bientôt un crayon complaisant sut esquisser ce riant tableau, et charmés

des beautés du modèle, nous dîmes
avec ravissement :

Heureux qui, dans la solitude,
Pourrait ici vivre ignoré,
Et se faire une douce étude
De n'être jamais désœuvré!
Loin de ces cercles insipides,
Où l'intérêt, aux mains avides,
Risque, dans un léger combat,
Le revenu d'une famille,
Et souvent la dot d'une fille
Qu'un *point* condamne au célibat.
Loin de ces tristes coteries,
Où de fades minauderies
Déguisent en vain la laideur;
Où l'envieuse médisance
Par fois montre de l'éloquence,
Toujours la bassesse du cœur;
Où de perfides politesses,
Prodiguant de fausses caresses,
De l'amitié sont les garans;
Où l'art de parler sans rien dire,
De jouer sans même sourire,
Sont d'agréables passe-tems.

Opposons à ces occupations journa-
lières de nos riches citadins, les études

délicieuses de l'ami de la nature. Que ses jouissances sont douces ! Que son bonheur est pur ! La cristallisation d'un minéral, la germination d'une plante, les ruses d'un insecte, sont pour lui les sujets des plus intéressantes méditations. Mille peuples divers animent autour de lui la scène du monde, et lui offrent un spectacle dont ses yeux et son cœur ne se lassent jamais. Ravi dans la contemplation de la nature, il apprécie, d'une manière digne d'elle, cette puissance inconnue dont la suprême intelligence régit l'univers. Ses idées s'agrandissent, ses rapports se multiplient, et son âme éprouve, dans un calme agréable, que ce ne sont pas les récréations bruyantes qui nous rendent heureux; que le bonheur est plus négatif que positif, et que dans tous les instans de la vie, l'absence des peines vaut mieux que la possession instantanée d'un plaisir fugitif.

Pouvions-nous sur un lit de mousse, entourés de végétaux dont les corolles odorantes parfumaient l'atmosphère, nous défendre d'herboriser? Malgré nos promenades du matin, nous entreprîmes une excursion botanique : mon compagnon choisit la colline, et moi j'eus la plaine en partage.

En côtoyant une prairie, j'aperçus un pâtre qui m'examinait avec attention. Vous êtes sans doute herboriste, me dit-il, cherchez-vous du trèfle à cinq feuilles ? — Pourquoi cela? — C'est que je sais un endroit où il y en a, et je vous l'indiquerais, car je me connais aussi en herbes. Cette rencontre me fit plaisir.

> On aime à retrouver ses goûts
> Dans tout ce qui nous environne ;
> On les compare, on en raisonne,
> Et les entretiens sont plus doux.

Vous attribuez donc de grandes
vertus au trèfle à cinq feuilles, dis-je
à ce berger? — J'en ai toujours un
bouquet dans ma poche, et cela me
porte bonheur. Mais on trouve dans ce
pays des remèdes à tous les maux, et
comme je me mêle un peu de la mé-
decine, vous pensez bien que je dois
connaître les simples. — Quels sont
ceux que vous connaissez le mieux ?
— Oh ! je les connais tous de vue, mais
ceux que j'emploie le plus, sont le
réveil-matin, dont les feuilles, arra-
chées par le haut, font vomir, et qui
purgent quand on les prend par le
bas ; le *mouron-d'eau*, qui guérit les
moutons de la clavelée, si on le cueille
à jeun, de la main gauche et sans le
regarder ; le *séné bâtard*, qui fait
tomber les fers des chevaux qui mar-
chent dessus lorsqu'il tonne ; l'*herbe
aux magiciens*, qui arrête les passans

au clair de la lune ; le *gui-de-chêne* ,
qui rend les femmes fécondes si les
grives l'ont semé ; l'*herbe au charbon*,
qui guérit de la peste , et qui en porte
les taches sur ses feuilles ; *la verveine*,
qui réconcilie les amans brouillés ,
quand on l'arrache au moment où la
canicule se lève.

O ignorance superstitieuse ! m'é-
criai-je, voilà ton ouvrage; ton empire
durera autant que le monde. Eh ! les
hommes n'ont donc pas assez de maux
réels, puisqu'ils s'en créent d'imagi-
naires ? J'essayai vainement de dé-
tromper ce bon homme; il m'en fit des
reproches, en disant que je voulais lui
ôter son gagne-pain.

Ainsi , dans toutes les contrées
On entretient des charlatans ,
Qui, sous différentes livrées ,
Débitent leurs orviétans.

Les uns , dans un riche équipage ,
A la faveur d'un faux jargon ,.
Vont inoculer leur poison .
Chez les dupes du haut parage ;
Les autres , docteurs de village ,
Traitent les plus vils animaux ,
Et jusqu'aux maîtres des troupeaux ,
Sans nul brevet d'apprentissage.
O vous ! qui formez des souhaits
Pour extirper toute imposture ,
Voulez-vous qu'une santé pure
Vous comble long-tems de bienfaits ?
N'exigez rien de la nature ,
Et ne la refusez jamais,

Je rejoignis mon compagnon., et nous étalâmes sur un, tapis vert les échantillons que nous avions cueillis. Nous analysâmes successivement le *stipa pennata,* dont la fleur ornée de longues barbes, sert de baromètre; l'*érigeron canadense,* qui, récemment apporté du Canada, s'est répandu dans toute l'Europe à l'aide de ses semences aigrettées; le*digitalis purpurea,* dont les corolles campanulées font l'ornement de nos parterres; le *veronica officinalis*, qui, par ses propriétés toniques, pourrait remplacer le thé; le *tamus communis*, dont les Turcs mangent avec tant de plaisir les bourgeons confits; l'*asarum europœum*, qu'on pourrait appeler l'ipécacuanha des ivrognes; le *gentiana lutea*, dont les vertus fébrifuges le disputent à celles du quinquina; le *bunium bulbocastanum*, qui fournit une racine tuberculeuse du goût de la châtaigne; le *lycoperdon tuber*, ce végétal privé de racines, de tiges, de feuilles, et si vanté chez les Périgourdins.

Nous oubliâmes toutes nos fatigues à la vue de cette intéressante récolte.

> Vous, qu'un souris de la nature
> Fit éclore dans un beau jour,
> Vous, dont la brillante parure
> De l'homme embellit le séjour,
> Aimables fleurs, à votre étude
> Le sage, dans la solitude,

Trouve des charmes ravissans;
Ses soins ne sont jamais stériles ,
Et des plaisirs doux et faciles
Chaque jour enivrent ses sens.

C'est pour vous offrir leurs hommages,
Que d'intrépides voyageurs,
Chez les peuples les plus sauvages ,
Des climats bravent les rigueurs.
La fatigue et la faim cruelle ,
Loin du terme qui les appelle
Ne peut arrêter leur ardeur ;
Tendre Flore , tu les entraînes ,
Et les vois oublier leurs peines
A l'aspect d'une simple fleur.

Le soleil touchait presque au
terme de sa carrière, quand nous
songeâmes à quitter cette campagne
délicieuse : nous voulions passer la
soirée à Vermanton , et y jouir de la
fête qui s'y donnait. Vois-tu, me dit
mon ami, ces jeunes paysans qui jouent
là-bas dans ce vallon ?- Portons-y
nos pas, rien ne m'intéresse comme
les jeux de l'innocence.

La vertu habite par fois les champs,
dis-je en cédant à son desir, mais l'innocence ne s'y montre que rarement.
Cette ignorance absolue de tout ce qui
passe pour un mal, ne peut exister
chez des êtres livrés à eux-mêmes dès
l'enfance, entourés d'exemples séduc-
teurs, et pour qui la nature est presque toujours sans voile.

> La fleur qu'un souffle peut briser,
> Qu'un rayon trop vif décolore ;
> Celle dont l'éclat s'évapore
> Sous l'œil qui vient s'y reposer ;
> Malgré sa fragile existence,
> Qui redoute le moindre vent,
> Cette fleur n'est que trop souvent
> Plus durable que l'innocence.

Nous nous approchâmes de la troupe
villageoise en observant, au travers
d'une haie d'alisiers, ses divers passe-
tems. Les uns, très-jeunes encore,
s'amusaient à la cligne-musette et à la
main-chaude.

main-chaude. Leur gaîté turbulente,
leurs cris enfantins étaient l'expres-
sion naïve du plaisir qu'ils goûtaient.
La différence des sexes n'existait point
pour eux ; tous se confondaient, se
culbutaient en ne songeant qu'à folâtrer.

Quand fillette ignore l'amour,
Tout amuse son innocence ;
La pudeur est sans défiance ,
Quand fillotte ignore l'amour.
Un galant lui fait-il la cour ?
L'écouter est sans conséquence :
Quand fillette ignore l'amour,
Tout amuse son innocence.

Les autres, un peu plus âgés, étaient
assis près d'un bosquet de coudriers :
leurs jeux étaient moins bruyans.
Une jolie fille chantait, tandis que
quelques garçons tressaient à ses
pieds des couronnes de bleuets et des
paniers de jonc ; une autre effeuillait
une marguerite, pendant que son

C

voisin guettait le fortuné pétale qui
devait confirmer sa pensée ; une troisième écoutait, d'un air pensif, une
confidence que toutes ses compagnes
savaient par cœur. Ce groupe con-
trastait agréablement avec l'autre.

Quand fillette connaît l'amour,
Adieu les jeux de son enfance ;
On peut voir à sa contenance
Quand fillette connaît l'amour.
Elle s'agite nuit et jour,
Et ne dit plus ce qu'elle pense ;
Quand fillette connaît l'amour,
Adieu les jeux de son enfance.

O vous ! qui sûtes si bien peindre
la vie pastorale, Théocrite, Virgile,
Gessner, que n'étiez-vous témoins de
ce charmant tableau ! Il vous eût
fourni le sujet d'une nouvelle Idylle,
et votre riche palette l'eût embellie
de ses brillantes couleurs.

Nous reprîmes la route de Vermanton par un sentier détourné. Le

son de plusieurs instrumens nous attira sur le bord de la rivière, et nous vîmes dans une prairie ombragée de peupliers, des groupes de villageois qui célébraient la fête du jour. Quelques-uns entonnaient des hymnes à Bacchus, et disaient à ceux qui ne les imitaient pas :

Il faut s'étourdir dans la vie
Pour écarter mille chagrins,
Les jours paraissent plus sereins
Quand on les donne à la folie.
Si le prestige du matin
S'enfuit le soir avec vitesse,
Mettons moins d'eau dans notre vin,
Le plaisir naît d'un peu d'ivresse.

Beaucoup d'autres s'enivraient d'une autre manière. Uniquement occupés du plus bruyant des plaisirs, ils se passaient tour-à-tour de jeunes paysannes, les enlaçaient dans leurs bras vigoureux, et formaient ainsi une longue chaîne circulaire. Trois ou

quatre ménétriers, montés sur des
tonneaux, réglaient la mesure de
leurs pas cadencés, et tous les acteurs
obéissaient ponctuellement aux mou-
vemens variés de leurs archets rus-
tiques.

Compagne des jeux et des ris,
Danse gracieuse et folâtre !
Toi, que l'on fête en tout pays,
Et que la jeunesse idolâtre ;
Source heureuse de la gaîté!
On te travestit à la ville,
Et tu n'as plus dans cet asile
Ton aimable simplicité.

Voyez ces nymphes agaçantes
Que Gardel forme à l'Opéra ;
Telle est la jeune Zulmira
Etalant ses grâces naissantes :
Tantôt, dans un brillant sallon,
On la compare à Terpsichore ;
Tantôt, plus agaçante encore,
Au Cirque elle donne leçon.
C'est dans une valse érotique
Qu'il faut la voir se dessiner,
Sur son valseur s'abandonner
Avec une langueur cynique,
Et serrer d'un bras magnétique
Le pivot qui la fait tourner.

Chacun admire son aisance ,
Ses appas , sa légéreté;
Mais je te plains , tendre beauté ,
D'afficher ainsi l'indécence :
Si tu connais la volupté ,
C'est aux dépens de l'innocence,
Laisse aux prêtresses de Vénus
Cette extravagante folie,
Et songe que la modestie
Est la plus belle des vertus.
Dans une agréable partie,
Chez Melpomène ou chez Thalie ,
Amuse-toi de leurs talens ,
Mais rougis d'en être jalouse :
Ils t'ont procuré mille amans;
Lequel te voudra pour épouse ?

Nous remarquâmes parmi les dan-
seuses, une jeune fille près de laquelle
maints galans papillonnaient. Rien
de brillant ne la distinguait d'entre
ses compagnes ; mais elle répandait
autour d'elle un charme qui nous
attira sur ses traces. Quelques dames
du voisinage, belles comme des pein-
tures, se trouvaient là pour faire
ombre au tableau : elles parlaient tout

bas, en observant la jolie villageoise,
et semblaient se dire : *où les grâces
vont-elles se nicher ?*

Curieux d'entendre leur disserta-
tion, je m'approchai d'elles. On dit
que cette petite est de *Sacy*, dit
l'une à sa voisine.—Oui, elle s'appelle
Perrette Rétif; je la crois parente de
Rétif de la Bretonne, qui est né dans
ce pays-là, et que j'ai beaucoup connu
à Paris. — Aussi, ne vous a-t-il pas
oubliée dans ses *Contemporaines.*
— Tout ce qu'a écrit ce romancier,
n'est qu'un tissu de fables. — Je vous
assure, ma chère amie, que j'y ai
reconnu les aventures de plusieurs
femmes de cette province, et la bro-
derie à laquelle s'attache le vulgaire,
n'est rien pour qui connaît le cane-
vas.—Mais regardez donc cette petite
Perrette, reprit la dame, qui feignait
de ne pas entendre, tous les hommes

s'empressent autour d'elle; sa figure
n'est pourtant pas merveilleuse : quel
est donc son secret ? — Le voici,
m'écriai-je, en m'avançant vers cette
curieuse :

Perrette n'est pas la plus belle
Des bergères de son hameau,
Mais Perrette sous son chapeau
Laisse entrevoir une prunelle,
Dont la plus légère étincelle
Fait naître un sentiment nouveau.
Si Perrette entre dans la danse,
Tous les regards suivent ses pas ;
Cela surprend, car ce n'est pas
Qu'elle observe bien la cadence ;
Mais elle agit avec aisance
Où d'autres sont dans l'embarras.
Perrette, sans nul stratagème,
Fait bien tout ce qu'elle entreprend;
Quand on la voit, quand on l'entend,
On éprouve un plaisir extrême ;
On l'éprouve, mais le pourquoi
Serait difficile à décrire :
Comment peindre un *je ne sais quoi*
Qu'on sent mieux qu'on ne peut le dire ?

La dame me remercia très-poli-

ment de mon in-promptu, et parut
regretter de n'avoir pas le *je ne sais
quoi* de la gentille Perrette.

Nous passâmes la soirée à Vermanton, au milieu d'une foule élec-
trisée par la Gaîté. Heureux don de la
nature ! ce n'est point parmi les favoris de la fortune qu'il faut aller te
chercher : tu leur prêtes quelquefois
ton masque, mais l'ennui qui les tour-
mente perce toujours au travers. C'est
aux champs qu'on te rencontre, sur-
tout lorsqu'un beau jour de fête tu
viens animer les traits des jeunes villageois. Tes fidelles compagnes Eu-
terpe, Terpsichore n'ont point là
de pompeux atours ; mais les Grâces
naïves, les doux Plaisirs composent
leur charmant cortége. La froide Eti-
quette est bannie de ces lieux, l'aimable Liberté la remplace, et tous les
cœurs jouissant du présent, n'éprou-

vent ni regrets du passé, ni craintes
de l'avenir. Tout est donc compensé
dans la vie! L'opulence, que l'ambition considère comme une félicité,
n'est qu'un brillant vernis dont la
fortune a décoré l'habitation des
grands, et sous ce voile séducteur
s'agitent la sombre inquiétude et les
desirs tumultueux : la médiocrité,
que dédaigne le vulgaire, mais que le
Sage envie, doit à son obscurité le
bonheur qui l'accompagne; et si les
plaisirs qu'elle procure ne sont pas
séduisans, du moins ils sont purs
comme l'âme qui sait les goûter.

Notre tems avait été assez bien
employé pour que nous songeassions
à regagner notre domicile. Nous n'a-
vions plus nos jambes du matin, un
long exercice en avait fatigué les ressorts, et nous fûmes très - heureux
de trouver une charrette à claire-

vôie, dans laquelle nous revînmes à
Auxerre, environ vingt-quatre heures
après en être partis.

> Ainsi coula cette journée
> Dans les travaux et les plaisirs :
> L'art d'embellir sa destinée
> Est l'art d'occuper ses loisirs.
> Si notre bouillante jeunesse
> Aime à se créer des désirs ,
> Songeons bien que notre vieillesse
> Ne vivra que de souvenirs.

POÉSIES

FUGITIVES.

LE FAUX ZÉBRE,

APOLOGUE.

La femelle d'un zèbre au corsage rayé,
Dans le parc d'un Anglais végétait solitaire ;
On admirait sa robe et sa taille légère ,
Aussi cet animal était-il bien choyé.
Curieux d'en avoir de la progéniture ,
Son maître lui présente un âne du pays.
    Le compagnon paraît d'abord surpris
De la fierté du zébre et de sa bigarrure ;
Il s'approche en tremblant, et puis d'un air soumis
        Il tente une embrassade ;
        Mais aussitôt une ruade
        De cet assaut devient le prix.
Il a beau folâtrer autour de cette belle ,
Braire, caracoler, faire le langoureux ;
On le frappe, on le mord, et toujours la cruelle
    Se dérobe à ses tendres feux.

L'Anglais trompé dans son attente,
S'avisa d'un moyen nouveau ,
Et pour vaincre l'indifférente ,
De son âne il peignit la peau.

Aliboron , paré d'une robe nouvelle ,
Revient en bondissant à la gente femelle.
 Ce n'était plus ce lourd baudet
 Qui s'avançait en baissant les oreilles ,
 C'était un amoureux coquet
Dont les transports promettaient des merveilles.
Le vrai zèbre enchanté fut dupe du projet,
 Et cette bonne créature
Céda complaisamment au vœu de la nature.

 De la parure sans esprit
 Triomphe souvent des cruelles :
Et dans plus d'une espèce il est mille femelles
 Qui se laissent prendre à l'habit.

LE BAPTÊME DIFFICILE.

 Sortant d'un repas succulent ,
Le curé Paul courut vite à l'église
 Pour y baptiser un enfant.
Il ouvre un rituel, à chercher il s'épuise,
 Et las, enfin, de n'en pouvoir user,
 Que cet enfant, dit-il avec surprise ,
 Est difficile à baptiser!

L'ORIGINE DE LA BEAUTE.

A ɪ ʀ : Quand l'Amour naquit à Cythère.

Dès que l'homme habita la terre ,
L'Ennui contrista son séjour ;
Mais pour adoucir sa misère ,
Tous les dieux dirent à l'Amour :
Des animaux tu vois le maître
Gémir de sa tranquillité ,
Pour le captiver forme un être
Qui de ta mère ait la beauté.

A ces mots Cupidon rassemble
Des lis , des roses , des bleuets ,
Il les mêle , il les fond ensemble ,
A l'instant brillent mille attraits.
Un corps où respirent les grâces
Se trouve composé de lis ,
De bleuets quelques faibles traces
En ébauchent le coloris.

Il effeuille ensuite une rose
Sur un teint frais , mais languissant;
Sur les genoux il en dépose ,
Les doigts en obtiennent autant.
Deux globes, qui déja palpitent ,
Sont embellis par deux boutons;
C'est pour l'Amour seul qu'ils s'agitent:
Heureux effet de tous ses dons.l

Il ne lui restait que deux roses,
Et leur emploi l'embarrassa:
Sur des lèvres à demi-closes
D'abord la première il plaça;
Mais quand il posa la seconde,
Les dieux sourirent tour-à-tour:
Depuis ce beau jour, dans le monde,
La rose est la fleur de l'Amour.

LA MEPRISE.

CHLOÉ pour avoir son portrait
Alla trouver un disciple d'Apelle:
Mon cher artiste, lui dit-elle,
Que ce tableau soit trait pour trait.
—Aimable enfant, il peut être parfait,
Qui vous voit se plaît à le croire;
Mais je ne suis pas votre fait,
Je ne sais peindre que l'histoire.
Surprise de cet accident;
Et plus galante que modeste,
Chloé réplique en souriant:
Mais qui donc me peindra le reste?

ÉPIGRAMME.

DAMIS, à l'exemple des Sages,
Nous vante à tout propos la médiocrité:
Aussi voit-on ce goût bien médité,
Répandu dans tous ses ouvrages.

LE TEMS ET L'AMOUR.

AIR : Heureux habitans des campagnes !

AVEC le Tems l'Amour voyage
Et visite chaque pays ;
Par-tout on parle son langage ,
Par-tout il trouve des amis.
Mais ces deux oiseaux de passage
Ne logent que chez les amans ;
L'Amour adopta cet usage ,
Pour ne jamais perdre le Tems.

Si par fois le Tems paraît triste ,
Si quelque nuage survient ,
L'Amour , que nul souci n'attriste ,
Fait prendre le Tems comme il vient.
Mais si de cet hôte incommode
On a peur d'être embarrassé ,
Avec l'Amour on s'accommode ,
Et le Tems est bientôt passé.

Quand une disgrâce frivole
De deux amans fait le malheur ,
Le Tems aisément les console ,
Et l'Amour les rend au bonheur.
Mais , hélas! cette douce ivresse
Ne dure que trop peu d'instans:
L'Amour , le Plaisir , la Jeunesse ,
Tout s'enfuit sur l'aile du Tems.

LA COSA RARA.

Comment ! au printems de votre âge
Vous voulez vivre sans époux?
Mais, Almaïde, y pensez-vous ?
Tout dépérit dans le veuvage.
Acceptez mon cœur et ma foi,
Vous me verrez tendre et fidelle.....
Je ne puis, répond cette belle,
Mon mari n'est point mort pour moi.

A Madame C***.

Le bon Titus perdit un jour,
Vous n'en craignez jamais la chance :
Vous donnez les nuits à l'amour
Et les jours à la bienfesance.

L'INNOCENCE ET LA PUDEUR.

AIR : Je ne vous dirai pas j'aime.

La Pudeur dans son enfance
N'habitait que le hameau,
Compagne de l'Innocence
Elle avait même berceau.
Une couleur purpurine
Ne pouvait pas les trahir ;
Car l'Innocence enfantine
Ignore qu'on doit rougir.

Un jour la simple Innocence
Trouva l'Amour endormi ;
Sans aucune défiance
Elle resta près de lui.
Voyant cette inconséquence,
La Pudeur l'en avertit ;
Mais aussitot l'Innocence
Disparut à petit bruit.

C'est depuis cette aventure
Qu'on voit rougir la Pudeur,
Et la plus légère injure
Suffit pour blesser son cœur.
Elle soupire en silence
Et regrette son soutien ;
Las ! en perdant l'Innocence,
Elle perdit tout son bien.

PANÉGYRIQUE.

Sexe enchanteur, objet de nos soupirs,
Que nous aurions sans vous une triste existence!
Le milieu serait sans plaisirs,
Et les extrémités manqueraient d'assistance.

RONDEAU.

Autour de vous, belle nonnette,
On dit que l'Amour en cachette
Contre vous forme des complots ;
Et que parmi tous vos dévots
Il en est un grand qui vous guette.

C'est, dit-on, un anachorète
Voluptueux, frais et dispos,
Et sur-tout dont la jambe est faite
                              au tour.

Prenez garde, jeune Colette,
Que le bruit de votre amourette
Ne parvienne dans votre enclos ;
La jalousie est indiscrette,
Et déja l'on tient des propos
                        au tour.

LE LIT.

AIR : *Femmes voulez-vous éprouver.*

Discret confident de l'Amour,
Ami chéri de la paresse,
Toi, qui sers, la nuit et le jour,
D'autel plaintif à la tendresse ;
Heureux lit, dans tous les pays
Chacun t'offre un constant hommage ;
Et combien d'époux refroidis
Te doivent la paix du ménage

Souvent, en folâtrant sur toi,
L'Amour nous donne l'existence,
Et c'est presque toujours sur toi
Que nous recevons la naissance.
Les fous et les sages sur toi
Passent la moitié de la vie;
Au dernier terme, hélas! sur toi
L'autre moitié nous est ravie.

L'Hymen fait croître des pavots
Où l'Amour cueillit une rose,
Et souvent en lit de repos
Plus d'un lit se métamorphose.
Pour éviter ce mauvais tour,
Même sur un lit de fougère,
Je veux reposer nuit et jour
Entre-les bras de ma bergère.

ÉPIGRAMME.

De ses fables lorsque Dorat
  Nous présenta l'hommage,
Malgré la beauté du format,
  Au port il fit naufrage.
Ses lauriers même l'ont privé
  Du secours de leurs branches,
Et le pauvret ne s'est sauvé
  Qu'à la faveur des planches.

L'AMOUR ET LE MONDE.

AIR : Fuyant et la ville et la cour.

LE monde doit faire l'amour,
Puisque l'Amour a fait le monde;
Sans les jeux du folâtre Amour
A quoi s'amuserait le monde?
Consacrons donc au tendre Amour
Le tems qu'on passe dans le monde;
Prenons et donnons de l'amour;
En tout tems ainsi va le monde.

Entre l'Intérêt et l'Amour
On voit se partager le monde;
Les uns ont tout fait pour l'Amour,
Les autres font tout pour le monde.
A vingt ans, guidé par l'Amour,
On entre aisément dans le monde,
A soixante on n'a plus d'amour,
Mais on aime toujours le monde.

Tourmenté par un fol amour,
Plus d'un fou va courir le monde,
Et pour l'objet de son amour
Un sage irait au bout du monde.
Quelques traits lancés par l'Amour,
Souvent ont dérangé le monde;
Mais sans les plaisirs de l'Amour
Bientôt viendrait la fin du monde.

Chacun de nous doit à l'Amour
Le bonheur de venir au monde,
Et chacun , graces à l'Amour,
Veut en mettre d'autres au monde.
Laissons donc des gages d'amour
Pour nous remplacer dans ce monde ;
Car nous ne ferons plus l'amour
Quand nous serons dans l'autre monde.

LA ROSE ET L'ACONIT.

FABLE.

Un papillon vif et galant,
Piqué des rigueurs d'une rose ,
Trouve un aconit complaisant ,
Et sur sa tige se repose.
Mais après une ample moisson
La douleur termine sa vie.

L'aconit offre son poison
Et la rose défend sa divine ambroisie.

A UNE JOLIE MÉDISANTE.

Vous possédez ce qui plaît, ce qui touche,
Aussi chacun vous fait la cour ;
Quel dommage que votre bouche
Ne s'ouvre pas que pour l'amour!

LE NOVICIAT D'ANNETTE.

AIR : La comédie est un miroir.

Pour mieux jouir de la fraîcheur,
Un soir d'été, la jeune Annette,
Sans s'alarmer sur sa pudeur,
Avait ôté sa collerette.
Sa mère dans cet abandon
Crut entrevoir de la malice ;
Mais son innocence eut raison,
Annette alors était novice.

Un autre jour, loin du hameau,
Lucas instruisit la bergère,
Qui perdit, hélas! son chapeau
En folâtrant sur la fougère.
Comment rentrer à la maison
Après ce malheureux indice ?
La veille elle aurait eu raison,
Mais elle n'était plus novice.

Cependant, malgré la douleur
Où ce triste accident la plonge,
Annette croit, d'après son cœur,
Qu'il faut recourir au mensonge.
Depuis ce jour, chaque leçon
Fournit un nouvel artifice:
Une fille a toujours raison
Lorsque son cœur n'est plus novice.

LE MOT DE L'ÉNIGME.

SAVEZ-VOUS bien pourquoi Clarice
Rougit au plus léger propos?
C'est qu'elle pense à la malice
Dès qu'un homme lui dit deux mots.

ÉPIGRAMME.

MENDAX, avait peint le bonheur
  Sous des couleurs si séduisantes,
  Que mécontens et mécontentes
Lui demandaient, en dévoilant leur cœur,
  La recette de son bien-être.
  Hélas ! leur disait cet auteur,
  Ce que vous cherchez est à naître,
  Même parmi les beaux esprits:
  Le bonheur n'est qu'en mes écrits,
  Et je l'ai peint sans le connaître.

QU'EST-CE QUE LA VIE?

AIR: Tes accens, divine harmonie.

  LA vie est une comédie
  Dont quatre actes forment le cours;
  Le premier est pour la folie,
  Et le second pour les amours;
  L'intérêt remplit le troisième,
  C'est l'époque des vains desirs;
  Mais quand on est au quatrième
  On n'a plus que des souvenirs.

Sur le grand théâtre du monde
Chacun de nous est comédien ;
En déguisemens il abonde ,
Et les masques ne coûtent rien.
En vain dit-on que la figure
De l'âme est toujours le miroir ;
Cette glace n'est pas trop sûre ,
Peu de gens savent y bien voir.

EPIGRAMMA.

in novum causidicum, rustici lictoris filium.

Dum puer iste fero natus lictore perorat ,
Et clamat medio , stante parente , foro ;
Quæris cur sileat circumfusa undique turba?
Non stupet ob natum , sed timet illa patrem.

DESPRÉAUX.

IMITATION.

ÉPIGRAMME

contre un jeune avocat, fils d'un huissier brutal.

Tandis que Criardet, aboyant au barreau ,
Croit charmer le public par sa maigre éloquence ,
Son père , à l'œil hagard , commande le silence.
Ah ! si l'on s'interdit de s'écrier haro ,
C'est que des auditeurs la tourbe débonnaire
S'étonne moins du fils qu'elle ne craint le père.

LE

LE BESOIN DE S'ENNUYER.

AIR : Vous m'ordonnez de la brûler.

Vous qui comblez tous les desirs
    D'une sensible amie,
Qui prodiguez tous les plaisirs
    A son ame ravie,
Croyez qu'il peut naître un grand mal
    D'une aveugle tendresse;
Le plaisir devient un rival
    Pour qui l'on vous délaisse.

Environnez-la des ennuis
    Qui naissent de l'absence;
L'amour doit souvent aux soucis
    Ses feux et sa constance.
Le plaisir entraîne avec lui
    Dégoût et répugnance;
Mais on savoure, après l'ennui,
    Plus d'une jouissance.

A P O L O G U E.

Dans un vallon de Germanie (*)
S'élève un temple de l'Amour :
Parmi les raretés qu'on trouve en ce séjour,
On remarque une allégorie.

(*) Vallée de Seifersdorf.

D

L'enfant ailé tient dans ses mains
Deux sabliers ; ces mobiles images
Marquent les différens usages
Que font du tems les malheureux humains.
Avec vitesse l'un d'eux roule,
C'est pour les amans réunis;
Avec lenteur l'autre s'écoule,
C'est pour les amans désunis.

De cet ingénieux emblême
Un cœur épris connaît la vérité.
Ah! selon qu'on est loin ou près de ce qu'on aime
Le tems n'a pas la même agilité.

R O M A N C E.

A I R d'Ariodant.

J E U N E S beautés qu'à l'amour tout dispose,
D'un seul amant écoutez les soupirs :
Le plus beau jour voit se faner la rose,
Lorsque son sein reçoit tous les zéphirs.

D'un art trompeur, jaloux de la nature,
N'empruntez point les dangereux secrets :
La rose plaît sans aucune parure,
Et l'art n'en peut augmenter les attraits.

C'est par le cœur et non par la figure
Qu'on peut du cœur fixer les sentimens ;
D'un zéphir seul la rose craint l'injure,
Et son parfum résiste à tous les vents.

EPIGRAMME.

FIERVAL se croit un papillon,
Quand du blanc et du vermillon
L'ont fardé comme une coquette;
Mais Fierval est, à ce qu'on dit,
Chenille au sortir de son lit,
Et chenille après sa toilette.

EPITAPHE.

DE deux époux plaignez, hélas!
Les infortunes mutuelles :
Monsieur ne fit que des ingrats,
Et Madame des infidelles.

LA MODE.

AIR : Appelé par le dieu d'Amour.

LA mode est une Déité
Depuis bien long-tems à la mode,
Son goût pour la diversité
La fait souvent changer de mode.
N'ayons pas la démangeaison
De suivre en tout point cette mode ;
Mettons la mode à la raison,
Ou mieux la raison à la mode.

C'est aux fous qu'elle doit le jour,
Et ses lois gouvernent des sages;
On voit même le tendre Amour
Se conformer à ses usages.

Pour opérer la guérison
De tous les cerveaux à la mode,
Mettons la mode à la raison,
Comme la raison à la mode.

L'esprit, les grâces, les talens
Sont aussi sujets de la mode,
Et si l'on veut plaire long-tems ,
Il faut un peu suivre la mode.
Il vient , hélas! une saison
Où, desirant vivre à sa mode ;
On met la mode à la raison,
Mais non la raison à la mode.

L'objet à la mode aujourd'hui ,
Demain sera passé de mode;
On reviendra sans doute à lui,
Car tel est le cours de la mode.
Belles , fuyez comme un poison
Cette inconstance de la mode ,
Mettez la mode à la raison,
Ou bien la raison à la mode.

LE BON CONSEIL.

DANS une cave très-profonde
Un cheval venait de tomber.
Chacun opinait à la ronde
Sur les moyens de l'en tirer.
N'est-ce que ça? belles merveilles!
Dit un ivrogne sans rêver,
Si vous voulez le décaver ,
Il faut le tirer en bouteilles.

LE MAUVAIS CADEAU.

MALGRÉ vos séduisans appas,
On vous donne trente ans, Adelle :
Cela peut être, répond-elle,
Mais, ma foi, je ne les prends pas.

LE TEMS ET LA VÉRITÉ.

AIR : Ce mouchoir, belle Raimonde.

LE Tems avait une fille
Qu'on nommait la Vérité,
Grande, bien faite et gentille,
Aimant la simplicité :
Mais cette belle ingénue,
Qui charmait tout sans apprêts,
Quand elle paraissait nue,
N'avait plus autant d'attraits.

On l'eût crue un peu coquette
En lui voyant un miroir ;
Elle évitait la toilette,
Ce n'était pas pour s'y voir.
Elle visitait les belles
Quand elles sortaient du bain ;
Mais le fard et les dentelles
La congédiaient soudain.

Pour certain pélerinage
Ayant quitté son pays ,
Elle vit sur son passage
Des sots et des beaux esprits.
Ils disaient , avec mystère ,
Qu'ils la cherchaient en tous lieux ,
Et chacun , d'un air sincère ,
La trahissait de son mieux.

D'un souverain équitable
Elle visita la cour ,
Un courtisan très-affable
L'éloigna de ce séjour.
A son discours , un peu louche ,
Elle allait répliquer , mais
Sitôt qu'elle ouvrit la bouche ,
On la chassa du palais.

Elle vit des journalistes ,
Des savans , des voyageurs ,
Des médecins , des artistes ,
Et sur-tout beaucoup d'auteurs :
Ces messieurs juraient par elle ,
Sans lui rendre plus d'égards ,
Et chacun vantait la belle ,
En évitant ses regards.

Lasse de courir le monde ,
Elle entre dans un couvent ;
Tous les moines , à la ronde ,
Fêtent cette aimable enfant :

Mais sitôt qu'elle se nomme,
Elle ne voit plus d'amis.
Las ! on l'étouffe, on l'assomme,
On la jette dans un puits.

Le Tems pour trouver sa fille
Parcourut bien des cantons,
Visita plus d'une grille,
Les temples et les prisons.
Il trouva dans ses voyages
Des airs de sincerité,
Mais, hélas ! tous ces visages
N'étaient pas la Vérité.

Enfin, près du monastère,
Qui fut long-tems son tombeau,
On dit à ce tendre père
Qu'on l'avait jetée à l'eau.
Il l'aperçoit, son cœur s'ouvre
A l'espoir, à la gaîté ;
On voit que le Tems découvre
Tôt ou tard la Vérité.

SUR UN ŒIL FRIPON.

QUE veut cette aimable fillette,
Dont le regard est si distrait ?
Est-ce un joujou qu'elle regrette ?
Est-ce un amant qu'il lui faudrait ?
Que son cœur s'agite et soupire
Par amour ou pour un joujou,
Je ne voudrais pas, pour beaucoup,
Avoir perdu ce qu'il desire.

LE JUGEMENT A LA MODE.

COMMENT trouvez-vous ma satire ?
— Damon , ne m'en parlez jamais ;
Les vers m'ont paru si mauvais
Que je n'ai pas voulu la lire.

ROMANCE

imitée de l'Italien.

AIR : Si Pauline est dans l'indigence.

AIMONS , aimons, jeune Silvie,
Le tems s'envole comme un trait.
Sans amour, Hélas ! dans la vie ,
Il n'est point de bonheur parfait.
Tu ne peux être toujours belle ,
Tu peux ne l'être qu'un moment :
La beauté , la rose nouvelle
Pour nous plaire n'ont qu'un instant.

Du triste hiver quand la nature
 Quitte le voilenébuleux ,
Le printems lui rend sa parure ,
Et tout se ranime à nos yeux :
Mais le doux printems de la vie
S'enfuit et ne revient jamais ;
La mort frappe, et l'ame flétrie
N'emporte, hélas ! que des regrets.

Lorsqu'à nos vœux rien ne s'oppose,
Que tout seconde notre ardeur,
D'amour il faut cueillir la rose,
Et la cueillir dans sa fraîcheur.
Aimons donc, charmante Silvie,
Le tems s'envole comme un trait.
Sans amour, hélas ! dans la vie,
Il n'est point de bonheur parfait.

EPIGRAMME.

Un petit bossu, grand joueur,
Maudissait un jour la Fortune,
Et se plaignait de son malheur,
D'une facon très-importune.
A quoi servent ces vains propos,
Lui dis-je, en raillant sa détresse?
Chacun sait que cette déesse,
Depuis long-tems vous a tourné le dos.

QUATRAIN.

Rien ne vieillit si vîte qu'un bienfait :
De l'oublier on se fait une étude ;
Et très-souvent, c'est à l'ingratitude
Qu'on reconnaît tout le bien qu'on a fait.

D *

LE MARIAGE.

AIR : Vieillard qui d'amour est épris.

LE tombeau du volage Amour
Est, dit-on, dans le mariage:
Plus d'un époux tient à son tour
Ce triste et dangereux langage.
Pourquoi le plus doux des sermens
N'est-il qu'un perfide mensonge?
Époux, soyez long-tems amans,
Vos jours ne seront qu'un beau songe.

Si l'on traite de nœud coulant
Le nœud sacré du mariage,
Le mari le moins inconstant
Rompra le traité qui l'engage.
L'Hymen nous offre des douceurs
Qui valent celles de son frère;
Couvrons sa chaîne avec des fleurs,
Elle paraîtra plus légère.

On cherche par-tout le bonheur,
Aisément on peut le connaître:
Le germe en est dans notre cœur;
On est heureux dès qu'on croit l'être.
Mais la pure félicité
Se trouve au sein d'un bon ménage;
Et la plus douce volupté
Est toujours celle qu'on partage.

MADRIGAL

imité de l'Anglais.

SUR ces fleurs fraîchement écloses
Vois cette abeille voltiger ;
Son aiguillon va se plonger
Dans le sein des lis et des roses.
Elle compose son butin
Des faveurs de toutes ces belles ;
Trouve-t-on sur chacune d'elles
La moindre trace de larcin ?
Ainsi , scrupuleuse Glicère ,
Ce baiser , tant sollicité ,
Ne peut mériter ta colère ;
Mon bonheur ne t'a rien coûté.

INSCRIPTION

pour le portrait de Mlle CONTAT.

L'AMOUR en me formant me fit à son image ;
Les Grâces à l'envi me comblèrent de dons :
Depuis que le Plaisir m'a donné des leçons,
L'Amour n'a pas quitté son plus charmant ouvrage

ROMANCE.

Air du Prisonnier.

Il n'est que deux cœurs assortis
Qui coulent doucement la vie ;
Tout se change en peine, en soucis,
Sans une tendre sympathie.
Voyez ces ruisseaux tortueux
Mêler leurs eaux dans ce bocage,
Bientôt un seul formé des deux,
Des vrais amans sera l'image.

Mais s'il faut un constant retour
Pour embellir notre existence,
La pure Amitié sur l'Amour
Doit mériter la préférence.
L'une est compagne de l'honneur,
L'autre est suivi par la faiblesse ;
L'Amitié fixe le bonheur,
L'Amour n'a qu'un moment d'ivresse.

Avec d'heureux arrangemens
On peut doubler sa jouissance,
Et rendre ces deux sentimens
Le doux prix de notre constance.
Consacrons au folâtre Amour
Les beaux jours de notre jeunesse,
L'Amitié, venant à son tour,
Consolera notre vieillesse.

EPIGRAMME.

Le tems sur le front de Lucrèce
A gravé plus de cinquante ans ;
On cite par-tout sa sagesse ,
Mais lui connut-on des amans ?
Que de vertus en étalage
Doivent leur prix à la laideur !
Telle , malgré soi , reste sage ,
Faute souvent d'un séducteur.

IN - PROMPTU

à Mlle L. B., en lui donnant une leçon
de botanique.

Enseignez-moi donc l'art de plaire ,
O vous ! qui près de moi venez étudier.
Ah ! dans cet art si nécessaire,
Le maître auprès de vous n'est qu'un faible écolier

L'AMOUR, LE DESIR ET LA JOUISSANCE.

Air : Femmes, voulez-vous éprouver.

Un jour l'Amour et le Desir,
Quittèrent l'île de Cythère ,
Et sur les ailes d'un zéphir
Voulurent parcourir la terre.

Le Desir conduisait l'Amour,
Quoique sa bouche fût muette;
Aussi Cupidon, en retour,
Au Desir servoit d'interprète.

Les voyageurs, en maint pays,
N'ont subsisté que d'espérance;
L'Amour pénètre dans Paris,
Y rencóntre la Jouissance.
Je vous cherchais depuis long-tems,
Combien, dit-il, vous m'êtes chère!
Mais pendant leurs embrassemens
Le Desir s'enfuit à Cythère.

L'Amour, réduit à l'abandon,
S'en plaignit auprès de sa mère;
Vénus sourit quand le fripon
Lui conta cette grande affaire.
— Ah! si le Desir satisfait,
Expire après la jouissance,
Souviens-toi qu'un nouvel objet
Lui rend tôt ou tard l'existence.

L'HOMME ET LE LIMAÇON

FABLE.

Un paysan, possesseur d'un jardin
Paré des dons de Pomone et de Flore,
Chaque matin, au lever de l'aurore,
Visitait son domaine, et détruisait soudain
Tout Limaçon qui tombait sous sa main.

Un jour l'un d'eux , près d'être sa victime ,
Se plaignit en ces mots de son avidité :
— Barbare , lui dit-il , ta lâche cruauté
D'un pouvoir usurpé sans cesse nous opprime.
Tu crois donc que les dieux n'ont créé que pour toi
   Ces champs féconds dont tu veux être roi ?
Tout être qui respire, enfant de la nature ,
Sur son sein généreux doit trouver sa pâture :
Mais il faut que tout cède à tes injustes lois ,
Et tu n'es qu'un tyran quand tu cites tes droits.

   Du Limaçon telle était la morale.
   J'aime à penser que sa plainte est légale,
Ou tout homme écrasé par un lourd éléphant ,
   N'a pas le droit de se plaindre en mourant.

BOUQUET DE NOCE.

CRAIGNEZ , charmante Églé, que vos jeunes appas
Ne fassent à l'Amour un cruel sacrifice
Vous savez qu'un serpent en piquant Eurydice,
Le jour de son hymen , lui donna le trépas.

ROMANCE.

AIR : Comment goûter quelque repos ?

   DANS un bosquet délicieux
   Croît une fleur qu'Amour cultive ;
   Une source abondante et vive
   En arrose le sol heureux.

Elle possède de la rose
Le coloris et la fraîcheur;
L'Hymen y cherche le bonheur,
L'Amour trop souvent en dispose.

Cette fleur que l'on poursuit tant,
Et qui périt dès qu'on la cueille,
Devrait d'une certaine feuille
Avoir le charme renaissant.
Une modeste sensitive
Sous la main paraît se flétrir,
Mais bientôt un léger zéphir
Lui rend sa fraîcheur primitive.

Jeunes beautés, dont les appas
Forment la plus riche parure,
Nous rendons grâce à la nature
Qui sème des fleurs sur vos pas.
Craignez qu'une main clandestine
N'effeuille ce joli bouquet,
Et pour l'amant trop indiscret
Conservez toujours une épine.

REMERCIMENT

présenté à M. L. B. par un Merle empaillé.

D'un oiseau babillard je n'ai que l'apparence,
Et mon maître, pour vous, m'a sauvé du néant
   S'il avait pu me rendre l'existence,
    Je chanterais, à chaque instant,
Et vos bienfaits et sa reconnaissance.

EPIGRAMME.

THOMAS vit en rentrant chez lui ,
    Au seuil de sa boutique ,
Deux enfans , qui n'avaient d'appui
    Que la pitié publique.
Gardez-les pour l'amour de Dieu ,
    Lui dit une voisine.
Oui , reprit le fesse-Mathieu
    Fesant piteuse mine ,
Demain je les fais baptiser;
    Mais que le diable emporte
Tous ceux qui viennent déposer
    Leurs péchés à ma porte !

ROMANCE.

AIR : Te bien aimer , ô ma tendre Zélie !

VIEILLARDS galans à vos vœux tout s'oppose,
L'Amour se rit de votre air enfantin ;
Le vent du soir n'obtient rien de la rose ,
Mais elle s'ouvre au zéphir du matin.

Chaque saison a des fleurs différentes ,
Et pour le cœur tout âge a ses plaisirs :
Faveurs d'amour en tout tems sont charmantes ,
Les obtient-on avec les seuls desirs ?

D'un doux repos goûtez mieux l'avantage ,
Que la raison succède au fol amour:
On a besoin de calme après l'orage ,
Et de sommeil à la fin d'un long jour.

LE MARI A BON MARCHÉ.

CONTE.

JEANNETTE était la plus jolie
Et la plus sage du hameau,
Mais à fille qui se marie
Faut au moins un petit trousseau.
Si Jeannette, de la nature
Obtint et candeur et beauté,
La fortune à cette parure
N'avait encor rien ajouté.
A la dame de son village
Elle va conter son tourment.
— Vous êtes pauvre, mon enfant,
Mais du moins vous passez pour sage,
Et ces dix écus serviront
A doter votre mariage ;
Défiez-vous bien du langage
De ceux qui vous cajoleront.
A quelque tems de là Jeannette
Reparaît avec un époux.
Bon dieu ! dit la dame en courroux,
Qui vous a donc fait cette emplette ?
C'est le plus affreux des bossus.
Hélas! lui répond la pauvrette,
Qu'est-ce qu'on a pour dix écus ?

L'EPICURISME.

AIR : J'ai vu par-tout dans mes voyages.

LA vie est un aimable songe
Pour l'homme qui sait en jouir :
Qu'importe que tout soit mensonge,
Si chaque erreur est un plaisir ?
On dit souvent que le tems passe,
Hélas! c'est bien nous qui passons :
Pour égayer ce court espace,
De Momus suivons les leçons.

Les sens sont la porte de l'âme,
Et par là se glisse l'Amour ;
Une étincelle de sa flâme
Y fait régner un nouveau jour.
Si ce prestige trop tôt passe,
Ménageons-nous des souvenirs,
Et remplissons ce court espace
Avec les jeux et les plaisirs.

Une recette souveraine
Peut suffire à notre desir ;
Évitons sans cesse la peine
Et cherchons par-tout le plaisir.
De l'Amour empruntons le prisme,
Tout va s'embellir à nos yeux :
Le secret de l'Epicurisme
Est de savoir se rendre heureux.

EPIGRAMME.

En quoi! pour un mauvais accueil,
Damis, mécontent de nos dames,
Dit que la chasteté des femmes
Est à la garde de l'orgueil.
Ah , Damis! quand une belle
N'a pour gardien de sa vertu
Qu'un vice souvent combattu,
On a bientôt gagné la sentinelle.

LE GOUT DU SIECLE.

LAs! de l'Indépendance on est si bien l'apôtre
    Qu'on s'en fait une loi :
On épouse une femme , on vit avec une autre ,
    Et l'on n'aime que soi.

LA CACHETTE DES GRACES.

AIR : Dans tous les instans de la vie.

LEs Grâces quittant la retraite ,
Un matin dirent à l'Amour :
Jouons à la cligne-musette ,
Et viens nous chercher à ton tour.
Sur les lèvres de ma Zulmire
L'une alors cache sa beauté
A Zulmire échappe un sourire
Qui découvre la déité.

Entre deux jolis monts d'albâtre
La seconde va se poster;
Mais ce sein qu'Amour idolâtre
Dans l'instant vient à palpiter.
Ainsi , la plus belle des Grâces
Voit troubler son charmant réduit ,
Et l'Amour n'a suivi ses traces
Qu'en commettant plus d'un délit.

La troisième pour domicile
Choisit un lieu moins apparent:
Un desir trahit son asile ,
Ce choix n'était pas trop prudent.
L'Amour, qu'un certain charme attire ,
Quoiqu'aveugle sait la trouver:
Et depuis ce moment Zulmire
Aux petits jeux aime à rêver.

EPIGRAMME.

On parlait ce matin d'une bonne action
    Devant le financier Lisandre :
Quand vous voudrez, dit-il, je pourrai vous en vendre,
Car j'en ai dans ma poche ample provision.

MOYENS DE FAIRE UN AMI.

Voulez-vous avoir un ami?
Avant tout apprenez à l'être:
On ne doit attendre d'autrui
Qu'un sentiment qu'on ait fait naître.

L'amitié pour unir deux cœurs
Exige d'eux tendresse égale ;
Si vous chérissez ses douceurs ,
Pour être aimé, soyez aimable.

Pour ceux qui n'aiment qu'à demi ,
L'amitié ne fut jamais faite :
Rendre service à son ami ,
Du cœur c'est acquitter la dette.

Pour lui donner de vrais plaisirs ,
Lorsque le chagrin l'importune ,
Il faut prévenir ses desirs ,
Et partager son infortune.

LA ROSE ET LE PLAISIR.

Air du Petit Matelot.

Le poëte voit dans la Rose
La douce image du Plaisir ,
L'amant dans le sein de la Rose
Cherche la source du Plaisir.
L'un , en rêvant, chante la Rose
Et les prestiges du Plaisir ;
L'autre, en jouant, cueille la Rose ,
Et goûte à longs traits le Plaisir.

L'Amour brille comme la Rose,
Il passe comme le Plaisir ;
C'est pour cueillir nouvelle Rose
Qu'il voyage avec le Plaisir.

Mais quoiqu'il caresse la Rose ,
Et qu'il chérisse le Plaisir ,
Après avoir flétri la Rose,
L'Amour périt par le Plaisir.

Vous qui , sous des fouilles de Rose,
Laissez sommeiller le Plaisir ,
Jeunes beautés, que votre Rose
S'entr'ouvre aux rayons du Plaisir.
Vos jours, aussi purs que la Rose,
Seront filés par le Plaisir,
Et des rêves couleur de Rose
Viendront prolonger le Plaisir.

Amans , qui poursuivez la Rose,
Pour mieux atteindre le Plaisir,
Bravez l'épine de la Rose ,
C'est là qu'on trouve le Plaisir.
Mais en cultivant une Rose,
Sachez ménager le Plaisir,
Et ne faites pas dans la Rose
Naître la peine du Plaisir.

LA PAIRE DE MANCHES.

CONTE.

Un voyageur leste et grivois,
Lorgna, dans une hôtellerie,
Certain tendron dont le minois
Inspiroit la galanterie
Au passager le moins courtois.

Pour tromper l'ennui du voyage,
C'était un morceau très-friand :
Aussi, ce qui rend complaisant
Fut aussitôt mis en usage.
Mais devinez ce que Babet
Lui demanda pour ses dimanches ?
Ce fut une paire de manches
De la couleur de son corset.
Le lendemain, grand jour d'ouvrage,
Elle quitta le voyageur,
Si satisfait de sa douceur,
Qu'il en voulut un nouveau gage.
Babet, dit-il, si tu voulais
Me redonner quelques revanches ?
Oui, monsieur, reprit-elle, mais
C'est une autre paire de manches.

L'ESPÉRANCE.

AIR : Bouton de Rose!

Douce Espérance,
Tu consoles dans le malheur;
Tu vaux mieux que la jouissance
Puisqu'elle détruit le bonheur,
    Douce Espérance! '

Sans l'Espérance
L'ennui pèserait trop sur nous.
Telle est en tout notre inconstance,
Qu'un plaisir présent est moins doux
    Que l'Espérance.

Si

Si l'Espérance
Se cache au fond de notre cœur ,
La nature avec complaisance
Etale en tous lieux la couleur
        De l'Espérance.

        Sur l'Espérance
Un amant s'endort aisément:
C'est là que son bonheur commence;
Mais le réveil détruit souvent
        Son Espérance.

        Plus d'Espérance !
Est le dernier cri du malheur:
Est-il de plus dure souffrance
Que celle de dire en son cœur :
        Plus d'Espérance ?

R E F L E X I O N.

L'homme peut-il dans son printems
        Avoir les goûts d'un sage ,
Si ce n'est qu'aux dépens du tems
        Qu'il eu connaît l'usage ?

E

BOUTADE

Sur les convois de 1793.

COMMENT, on nous énterrera
Sans aucune prière :
Un seul piquet escortera
Le défunt dans sa bière ?
Eh bien ! si l'on veut m'enfouir.
D'une telle manière ,
J'aime mieux ne jamais mourir.

L'AMOUR REPUBLICAIN.

AIR : On compterait les diamans.

UN essaim de jeunes beautés
Conduisant l'Amour à sa suite ,
Devant un de nos comités ,
Alla dénoncer sa conduite.
A ce patriotique élan ,
L'une ajoute avec assurance :
Citoyens , voici le tyran
Le plus dangereux de la France.

L'aimable enfant leur dit en pleurs ;
De quoi vous plaignez-vous , les belles ?
Quand j'ai séduit vos faibles cœurs ,
Vous vous lassiez d'être cruelles.

Si j'ai satisfait vos desirs ,
Pourquoi vous plaindre de mes chaînes?
Lorsqu'un instant de mes plaisirs
Suffit pour effacer vos peines.

J'aimai toujours l'égalité ,
J'allais la trouver au village;
La Franchise et la Liberté
S'empressaient d'être du voyage.
On me voit peu parmi les grands ,
Mais souvent avec les bergères ;
Car je préfère aux plus hauts rangs
Un lit de fleurs ou de fougères.

Quelqu'un voudrait-il m'accuser
D'une fortune scandaleuse?
J'estime plus un doux baiser
Qu'une abondance fastueuse.
De mon costume est-on jaloux ?
C'est celui d'un bon patriote.
Citoyennes , qu'en pensez-vous ,
Ne suis-je pas un sans-culotte ?

Vous savez que pour mon séjour ,
Dès long-tems j'ai choisi la France ,
Et chaque belle , tour à tour ,
Peut attester ma résidence.
Pour prouver à mon délateur
Combien j'aime la République ,
J'offre mes ailes de bon cœur ;
Voila mon don patriotique.

MA PROSELYTE.

Vous vous plaignez, ma chère sœur,
De n'être plus au monastère,
Et cependant votre rosaire
Soir et matin de votre cœur
Mesure la longue prière.

Regrettez-vous qu'au point du jour
Le bruit des cloches argentines,
Carillon des saintes matines,
Ne trouble plus votre séjour?
Au travers d'agréables songes
Vous voyagez avec Momus;
Ah! le moindre de ces mensonges
Vaut mieux que tous les *oremus*.

Cachés sous la noire étamine,
Vos appas devaient murmurer
De n'être vus qu'à la sourdine,
Sans pouvoir même respirer;
Maintenant, en simple cornette,
Vous possédez un air lutin
Qui vous sied mieux, belle Nonnette,
Que la guimpe du plus beau lin.

Combien fallait-il de mystères
Quand on osait aller vous voir!
Enfin, à force de prieres,
On pénétrait jusqu'au parloir;

Mais toujours une Sœur-Écoute
Guettait, du fond de sa redoute,
Ce qu'on faisait dans ce manoir.

Oubliez tout ce béguinage,
Il est plus d'un petit Jésus :
L'Amour est celui de votre âge,
L'autre convient à vos Argus.
Laissez à la mère Christine
L'époux des filles de Sion;
Il aime infiniment, dit-on,
Le saint encens d'une béguine :
Mais vous, aimable Séraphine,
Ecoutez l'amant de Psyché ;
Tout est charmant dans sa doctrine,
Le plaisir est la discipline
Dont il punit chaque péché.

Au lieu de l'ange tutélaire,
Qui veillait à votre bonheur,
Acceptez-moi pour Directeur ;
Je sors d'un couvent de Cythère,
Et là j'ai fait mon séminaire
Avec la plus sainte ferveur.

Loin d'emprunter un air mystique
En vous disant: *ave*, ma sœur !
Vous me verrez avec chaleur
Vous réciter un doux cantique,
Dont Cupidon sera l'auteur.

Mais si je dirige votre âme
Dans ce chemin de vérité,
Pour ne point encourir de blâme
Sur l'emploi de ma charité,
D'abord, au lieu d'une cellule,
Je veux vous bâtir un boudoir;
C'est dans les cases d'un dortoir
Que naquit un jour le Scrupule;
Je craindrais que ce ridicule
Entre nous deux ne vînt s'asseoir.

Ni la haire ni le cilice
Ne pourront froisser vos appas;
Je réserve ce saint office
Pour le moment d'un sacrifice,
Où l'Amour doit guider vos pas.
C'est un moyen très-efficace
Pour corriger l'austérité;
A peine l'aurez-vous goûté,
Qu'avec un *bene dicite*,
Votre petit cœur enchanté
Saura tout bas m'en rendre grâce.

Si ce projet, ma chère sœur,
Peut devenir votre observance,
Chaque jour ma brûlante ardeur
Réparera votre abstinence.
Je connais un riant pays
Qui deviendra mon oratoire,
Et sans songer au Purgatoire,
Nous gagnerons le Paradis.

NOUVELLE.

L ES troubles qui désolèrent la
Bretagne sur la fin du dix-huitième
siècle, forcèrent le comte de Kérado
d'abandonner le château qu'il habitait, et de chercher dans une terre
étrangère, cette douce tranquillité
qu'il avait chérie toute sa vie, et qu'il
mettait au-dessus de tous les biens. Il
recueillit ses effets les plus précieux,
se procura tout l'or qu'il put trouver,
et, suivi d'un valet fidèle, quitta
douloureusement les lieux qui l'a-
vaient vu naître, qu'il s'était plu à
embellir, et qu'il craignait de ne pas
trouver, à son retour, dans un état
aussi florissant.

Kérado, jeune encore, avec un

physique agréable, de l'esprit et de
la fortune, vivait presque dans la
solitude. La musique et la chasse
étaient ses seules jouissances, et il
leur sacrifiait tout son tems. L'indif-
férence qu'il avait pour la société,
l'avait éloigné du mariage et des em-
plois pour lesquels la nature semblait
l'avoir créé.

C'est dans cette situation qu'il
quitta son pays, en déplorant les
maux qui l'accablaient déja, et dont
le terme lui paraissait encore éloigné.
Après avoir parcouru différens cercles de l'Allemagne, ne recevant aucune nouvelle satisfaisante de la
France, il se fixe dans une petite
ville de la Basse-Saxe, dont les sites
lui rappellent les îles pittoresques du
Morbihan.

Un jour qu'il était allé chasser un
peu loin de la ville, la nuit le surprit

dans une vaste forêt, et il désespérait
d'en sortir, lorsqu'il aperçut, dans
le lointain, un bâtiment fort éclairé.
Kérado s'achemine vers cet heureux
fanal, et, après une route pénible,
arrive au pied d'un château. Il pensa
aussitôt qu'au tems brillant des tour-
nois, plus d'un chevalier errant s'é-
tait trouvé en semblable conjoncture ;
mais n'ayant point de cor pour s'an-
noncer, il frappe à la porte qui s'ouvre
peu après.

L'étranger ne déguisa point sa situation, et demanda l'hospitalité
pour une nuit seulement. Le propriétaire, prévenu de cette visite, vint
lui-même l'engager de rester quelques jours pour se reposer, et après
une courte conversation, on se mit
à table.

Les morceaux caquetés sont, dit-
on, les meilleurs ; cependant on parla

E *

peu, et Kérado trouva la cuisine
excellente. A mesure que le vide de
son estomac diminuait, il se familia-
risait avec ses hôtes, et à la fin du
repas, il les connaissait comme s'il
avait déja vécu avec eux.

Le chef de la famille s'appelait le
baron d'Ornabruck : c'était un homme
affable et généreux, mais jaloux de
ses droits, et dirigeant seul sa maison.
Sa femme avait toutes les qualités
qu'exigeait le rôle secondaire qu'elle
remplissait, et sa douceur enchantait
tous ceux qui l'approchaient. Une
seule fille était le fruit de leur union :
seize ans, une figure agréable, des
grâces et beaucoup d'ingénuité, telle
est l'esquisse de Célina.

On se doute bien que notre voyageur paya son écot par le récit de ses
aventures ; il le fit avec un air d'aisance et de vivacité, qui charma

tellement le baron, qu'il l'invita à
passer chez lui tout le tems qu'il lui
plairait. Cette offre enchanta Kérado.
Le baron était grand chasseur, Célina bonne musicienne, que pouvait-
il desirer de plus ? Aussi, accepta-t-il
de grand cœur.

Quelques mois après son établisse-
ment dans cette maison, le baron
témoigna l'envie de faire apprendre
l'italien à sa fille. Kérado voulant se
rendre utile, dit qu'il savait cette
langue, et s'offrit d'être le maître de
Célina. On agréa cette galante propo-
sition, et dès le lendemain, le cours
de langue commença.

Célina fit des progrès si rapides,
qu'au bout d'une année elle parlait
aussi bien que son maître. Le baron
en était ravi ; il regrettait seulement
que, parmi les amis qui le visitaient,
aucun ne sût l'italien, pour avoir le

plaisir de faire briller les connaissances de sa fille; il s'en dédomma-
geait en fesant souvent chanter Célina dans sa nouvelle langue, qu'il
trouvait cependant moins flexible et
moins douce qu'il se l'était imaginé,
mais il attribuait cela à l'accent tu-
desque, qu'on oublie difficilement.

Il y avait cinq ans que Kérado
habitait le château d'Ornabruck, et
le tems s'était écoulé plus rapidement
qu'il ne l'aurait cru. Sa décence et son
amabilité l'avaient rendu l'ami du
père et le confident de la fille. L'ha-
bitude de se voir avait produit sur
cette dernière un tel effet, que, malgré
le maintien réservé et l'apparente
froideur de Kérado, Célina était sans
cesse occupée de lui. Elle n'osait
appeler amour le sentiment qu'elle
éprouvait; néanmoins elle sentait que

l'amitié n'est pas si tendre et ne cause
pas de si douces émotions.

De son côté, Kérado tenait à toute
cette famille par les liens de la plus
tendre reconnaissance ; mais étranger
dans ce pays, brûlant de revoir le
sien, il avait craint de trop s'attacher
à Célina, ne voulant ni l'enlever à ses
parens, ni abandonner pour elle sa
patrie.

Tout - à - coup des nouvelles de
France lui apprennent qu'un de ses
amis a été assez heureux pour le faire
rayer de la liste des émigrés, et qu'il
peut rentrer, sans danger, dans une
partie de ses propriétés.

La surprise que lui causa cet événement inattendu, lui ôta toute idée
d'en faire part de suite à ses bons
amis. Il s'eloigne du château, s'en-
fonce dans le parc, rêve mille jouissances, et dans la douce ivresse qu'il

éprouve, chante ces couplets :

De retourner dans ma patrie
J'avais presque perdu l'espoir ;
Mais, ô France ! ô terre chérie !
Je vais donc bientôt te revoir.
Ah ! quelle voix se fait entendre
Parmi tant de joyeux accens ?
C'est le cri d'une mère tendre
Qui rappelle ses vrais enfans.

En proie aux horreurs de la guerre,
Beau pays, tu gémis long-tems ;
Alors un démon sanguinaire
Armait la tourbe des méchans.
Un dieu sur le bord de l'abîme
Arrête nos pas chancelans,
Et l'on voit succéder au crime
Les vertus jointes aux talens.

Les cœurs s'ouvrent à l'espérance
Quand la vertu sort du sommeil ;
Déja les amis de la France
En bénissent l'heureux réveil.
Vous dont l'âme n'est point flétrie,
Ne craignez plus aucun danger ;
Peu de chose dans sa patrie,
Vaut tous les biens chez l'étranger.

Le hasard, ou plutôt l'amour conduit Célina dans le parc, elle entend

une voix que son cœur croit reconnaître ; elle s'approche en tremblant
et se trouve vis-à-vis de Kérado. La
dernière phrase de sa romance l'a
frappée, elle lui en demande l'expli-
cation. N'ayant aucune raison de dis-
simuler, il lui fait part de tout ce que
son âme éprouve; mais affligée de
n'y rien trouver pour elle, Célina
répand quelques larmes. Kérado ému
déjà par tout ce qu'il a éprouvé, ne
peut résister à cette preuve de sensi-
bilité, il tombe aux pieds de son
amie, et lui dit des choses si tendres,
qu'elle se croit la plus aimée des
femmes.

A peine furent-ils rentrés au château, que le baron leur annonça l'arrivée d'un de ses anciens compagnons
d'armes, le comte Belloni, qui venait
de Mantoue avec son fils unique. Ma
chère Célina, dit-il, voici l'instant

de faire briller votre facilité à parler l'italien. Si j'ai desiré que vous apprissiez cette langue, c'est que je destinais votre main au jeune Belloni, qui se trouve un des plus riches héritiers du Mantouan.

Cette nouvelle fut un coup de foudre pour Célina; son ami sentit alors combien elle lui devenait chère. On ne connaît souvent le prix d'un objet qu'au moment de le perdre; et Kérado, qui, le matin, ne songeait qu'au plaisir de revoir la France, craignait le soir d'être obligé de quitter la Saxe.

Les deux Italiens arrivèrent le lendemain avec une suite nombreuse; on leur fit l'accueil le plus flatteur; mais la tristesse de Célina et l'air pensif de Kérado, surprirent tout le monde. Belloni, prévenu par le baron, attendait avec impatience que Célina voulût entamer avec son fils un

dialogue italien; mais. elle s'obstina
à ne converser qu'en allemand , crai-
gnant sans doute de profaner une
langue que l'amour lui avait apprise.
Le baron pensa qu'un petit concert
produirait l'effet qu'il attendait, et il
invita sa fille à chanter une romance
avec son maître. Célina n'hésita plus,
et les deux amans entonnèrent un
hymne d'amour.

A la fin du premier couplet, le comte
demanda froidement au baron quel
était le patois que sa fille parlait? quel
patois, reprit le baron, mais c'est
votre langue, c'est du pur italien.
Belloni regarde son fils, et tous les
deux se mettent à rire. Célina chante
le second couplet, et Belloni récidive
sa question. Le baron surpris, inter-
roge Kérado; celui-ci hésite; il bal-
butie : mais l'instant était décisif, il
fallut s'expliquer.

Pardonnez - moi l'erreur où vous êtes, lui dit Kérado, j'ai voulu vous être de quelque utilité dans l'éducation de votre fille , vous avez cru que je lui montrais l'italien ; je n'ai jamais su cette langue , et je n'ai enseigné à Célina que le bas-breton ; mais je vous assure qu'on ne le parle pas mieux à Quimpercorentin.

A ces mots toute l'assemblée éclata de rire; le baron furieux sortit de la salle, et le concert en resta là.

Kérado craignit, avec raison, le ressentiment du père de Célina; néanmoins il alla le trouver; lui réitéra ses excuses et lui fit part du projet qu'il avait de retourner en France. Le baron était sincèrement attaché à Kérado; il oublia en un instant ses torts; et ne put voir cette séparation sans un certain chagrin. Il ne crut pourtant pas devoir retenir ce jeune

liomme; il sentait combien il est doux
de revoir sa patrie après une longue
absence, et il lui fit les offres les plus
obligeantes.

Célina ne pensa au départ de Kérado
qu'en éprouvant la douleur la plus
vive; une sombre mélancolie s'em-
para d'elle, en peu de jours elle tomba
sérieusement malade, et cet accident
retint son ami; mais moins elle entre-
voyait l'espoir de le fixer en Saxe,
plus son mal empirait.

Un matin que sa mère la pressait
de lui confier la cause secrète de sa
langueur, une perruche que Célina
avait élevée, et qui se trouvait alors
dans son alcove, répéta à voix basse
ce qu'elle entendait depuis quelque
tems dire à sa maîtresse: *J'aime bien
Kérado.* Madame d'Ornabruck prit
cela pour une réponse de sa fille, et
après lui avoir fait plusieurs observa-

tions, voyant qu'elle gardait le silence, elle quitta son appartement.

Le baron fut bientôt instruit de cette nouvelle. Le remède était près du mal, et il chérissait trop sa fille pour ne pas hâter sa guérison par tous les sacrifices possibles. Il fit part de sa sollicitude à Belloni, et le consulta sur le parti qu'il avait à prendre. Mon ami, dit le comte, Célina aurait plu à mon fils, si lui-même avait pu lui plaire ; mais plus clair-voyant que nous, il a jugé qu'elle avait déja disposé de son cœur. Quand on veut s'épouser, il faut commencer par s'entendre, et nos enfans ont un langage bien différent : votre fille aime le *bas breton*, il n'y a que l'air de Quimper-corentin qui puisse la guérir.

Je le crois comme vous, reprit le baron en souriant, mais je ne pourra jamais me séparer de ma Célina. —

Cependant si vous ne l'unissez à Kérado, sa maladie pourra vous con-
damner à une séparation bien plus
cruelle....... Dans cet instant Kérado
entra chez le baron, et Belloni dit,
en lui adressant la parole, n'est-il
pas vrai que vous avez un secret pour
guérir Célina? Kérado rougit à cette
apostrophe, mais la crise lui paraît
trop favorable : il se jette aux pieds
du baron, lui avoue l'impression que
sa fille a faite sur lui, l'amour qu'il
a su lui inspirer sans s'en douter; et
le supplie de lui accorder la main de
Célina. Le baron, attendri, lui tend
les bras, et promet de remplir ses
vœux, si sa fille recouvre la santé.

Kérado, transporté de joie, courut
faire part à son amie des heureuses
dispositions où se trouvait son père :
le plaisir qu'elle en ressentit fit bientôt reparaître les roses de son teint,

et sa santé revint avec la sérénité de son âme.

Peu de tems après , Kérado épousa Célina ; il fut convenu que les deux époux passeraient, alternativement , six mois en France et six mois en Saxe. Kérado découvrant chaque jour de nouvelles qualités dans son épouse, se croit le plus heureux des hommes , et il se persuade aisément que c'est du sein de l'infortune que naît souvent le bonheur.

P.ENSÉES
DÉTACHÉES.

Nous partons tous d'un centre d'ignorance, dont nous nous éloignons par des pas qui forment une progression croissante; les premiers, quoique les plus petits, sont les plus difficiles à faire.

Dans les sciences naturelles, un système est toujours bon jusqu'à ce qu'un autre, plus vraisemblable, l'ait renversé.

Quand on possède bien une langue, on est difficile sur les productions dont elle est l'interprète. L'admiration que nous avons pour les écrits

d'Homère et de Virgile, est en partie
fondée sur ce que nous ne connaissons
pas parfaitement leur langue.

~~~~~~~~

La prévention agit tellement sur
nos jugemens, que tel ouvrage ne
doit souvent son succès qu'au nom de
son auteur.

~~~~~~~~

On conduit les peuples ignorans
par la croyance, et les peuples po-
licés par l'intérêt.

~~~~~~~~

Beaucoup d'hommes croient, en
possédant une seule science, avoir le
droit d'ignorer les autres, et de tout
dédaigner, hors leur petit domaine.

~~~~~~~~

C'est dans les révolutions qu'on
apprend à connaître les hommes. Tel

paraissait

paraissait doux et paisible sous la surveillance des lois, qui, pendant l'anarchie, s'est montré féroce et sanguinaire.

~~~~~~~

La peinture est une coquette qui ruine presque tous ses amans.

~~~~~~~

Il y a beaucoup d'écrits qu'on aime à lire et qu'on ne veut pas être forcé d'entendre ; ainsi, au théâtre, à la tribune, tout ce qui peut inquiéter la morale publique déplaît toujours.

~~~~~~~

On méprise l'artisan malgré l'utilité de son art, on encense l'artiste malgré la frivolité du sien ; le plaisir a des temples et la raison n'a pas un autel.

~~~~~~~

La majeure partie des réunions

F

littéraires se forment plus par le desir de briller que par la volonté de s'instruire.

~~~~~

Un ancien a dit que la mort était le milieu de la vie : puisque l'âme est immortelle, peut-on considérer comme une moitié de notre existence le peu d'instans que nous passons sur la terre ?

~~~~~

L'homme de génie qui ne soigne pas le style de ses ouvrages, est comme une belle femme qui néglige sa parure. Le style est aux bons écrits ce que les grâces sont à la beauté.

~~~~~

Dans l'éducation que reçoivent maintenant les femmes, on leur enseigne tout, excepté l'art de conduire leur ménage et d'élever leurs enfans.

Jurer d'être constant, c'est pro-
mettre plus qu'on ne peut tenir; d'être
fidèle, plus qu'on ne veut tenir.

~~~~~~

Des gens couverts de mépris n'ex-
citent ni la haine ni la jalousie; ils
doivent à cette dégradation une sorte
de franchise, dont les priverait un
moindre avilissement.

~~~~~~

Ce n'est qu'aux dépens de la culture
de son esprit qu'on passe la moitié
de sa vie à se perfectionner dans un
art où le corps a plus de part que
l'imagination.

~~~~~~

Est-il une société où l'on s'amuse
sans jouer ni médire? C'est la plus
agréable.

~~~~~~

Peu de génies reculent les bornes

de la science; mais les savans qui en défrichent le domaine, ont toujours bien mérité de ceux qui veulent le cultiver.

~~~~~~~

Il n'est point d'aimable Roué dont la doctrine ne révoltât, pour peu qu'il mît de la sincérité à l'exposer.

~~~~~~~

Dorante est tellement identifié avec le mensonge, qu'il finit par croire ce qu'il a inventé.

~~~~~~~

Rien n'est plus ennuyeux qu'un homme qui parle comme un livre, et plus insipide qu'un livre écrit comme on parle.

~~~~~~~

Un roman est une sorte de poëme où l'on est dispensé de deux choses fort gênantes, la rime et la raison.

~~~~~~~

C'est sur-tout avec les gens qui aiment à écouter, qu'on se plaît à s'entretenir.

~~~~~~~~

La gloire contribue moins que la sagesse au bonheur d'une nation ; ainsi, de bonnes lois valent mieux que de grandes conquêtes.

~~~~~~~~

Comment Damis s'est-il fait une réputation de savant ? — Il n'écrit rien et parle si peu, qu'on pourrait difficilement le trouver en défaut.

~~~~~~~~

Il faut toujours ménager les gens en place, parce qu'ils font plus de mal comme ennemis, qu'ils ne font de bien comme amis.

~~~~~~~~

La nature et le travail donnent le mérite, c'est la fortune qui le fait valoir.

~~~~~~~~

Quelqu'économe qu'on soit de son
tems et de son revenu, il y a toujours
des non-valeurs qu'on ne peut ni pré-
voir ni empêcher.

~~~~~~~~

Le moyen de passer pour avoir de
l'esprit, c'est de paraître en accorder
plus aux autres qu'on ne s'en croit à
soi-même.

~~~~~~~~

Dans l'incertitude où l'on peut être
si l'âme est immortelle ou non, n'est-
il pas plus sage de la croire immortelle,
puisque cette opinion est la source de
mille espérances consolatrices?

~~~~~~~~

Tous les hommes doivent la vie au
plaisir, et la plupart périssent ses
victimes.

~~~~~~~~

Ce qui doit dégoûter une jeune

femme d'épouser un vieillard, c'est qu'avec un tel mari les brouilleries ne sont jamais suivies d'aucun tendre raccommodement.

~~~~~~~

Dans quelqu'état qu'on se trouve, on est plus riche par les économies que par les revenus.

~~~~~~~

Il n'est pas nécessaire de connaître la partie technique d'un art d'imitation pour en bien juger les effets. Comme la nature en est le modèle, il suffit de l'avoir étudiée avec goût pour apprécier la copie.

~~~~~~~

La langue, chez les femmes, a toujours été l'organe le plus perfectionné ; aussi trouve-t-on très-peu de femmes bègues.

~~~~~~~

Quand on compare ce qu'on fait
avec ce qu'on devait faire , on doit
s'étonner d'être venu au monde pour
si peu de chose.

~~~~~~

Les inconséquences que l'on com-
met toute sa vie , dépendent souvent
de la première fausse démarche qu'on
a faite en entrant dans le monde.

~~~~~~

Que de gens sont bas quand ils ont
besoin des autres, et hauts quand les
autres ont besoin d'eux

~~~~~~

La prétention et le mauvais goût
ont donné le jour aux ridicules.

~~~~~~

Il est plus agréable de vivre avec
les livres qu'avec les hommes : dans
la société, pour une personne qui

nous amuse il y en a cent qui nous ennuient; dans une bibliothèque, pour un livre qui nous ennuie, il y en a cent qui nous amusent.

~~~~~~~

La vie se passe à desirer des choses qui, presque toujours, nous échappent.

~~~~~~~

Quand l'illusion de la scène nous transporte dans Rome ou dans Athènes, on est toujours fâché que des applaudissemens indiscrets détruisent ce prestige et nous remettent à notre place.

~~~~~~~

C'est à tort qu'on blâme l'ambition des audacieux que la fortune a élevés au faîte des grandeurs : eh! quel est l'homme qui, sans cette passion, pourrait changer les douceurs d'une vie tranquille pour les amer-

r *

tumes d'une existence agitée de mille inquiétudes?

~~~~~~~~

L'esprit amuse, le sentiment charme; les personnes sensibles et passionnées nous enchantent, parce qu'elles animent et passionnent tout.

~~~~~~~~

Les talens frivoles qu'on donne aux femmes, ne sont propres qu'à leur faire dissiper la fortune qu'elles possèdent, ou à leur ôter les moyens d'en acquérir.

~~~~~~~~

Personne n'est exempt de défauts; l'homme le plus vertueux est celui qui a le moins de vices.

~~~~~~~~

Il est d'aimables libertins dont les femmes disent beaucoup de mal sans le penser, et pensent beaucoup de bien sans le dire.

~~~~~~~

Un philantrope doit détester le gros jeu, car on n'y est heureux qu'aux dépens des autres.

~~~~~~~

La plume d'un poëte est un pinceau qui rend une pensée par une image, une description par une peinture, et un simple récit par un tableau vivant.

~~~~~~~

Voyager sans bien observer, c'est manger sans bien digérer.

~~~~~~~

Les arts utiles sont enfans du besoin et de l'industrie; les arts agréables doivent la naissance au désœuvrement et à la curiosité.

~~~~~~~

Ceux qui savent amuser les autres, sont rarement ceux qui s'amusent le plus.

⁓⁓⁓⁓⁓

Il est mille gens dont on ne peut faire l'éloge que par des négatives : l'absence des défauts est la seule qualité qu'on remarque en eux.

⁓⁓⁓⁓⁓

L'homme opulent peut aisément se mettre au - dessus des préjugés. Quand on sème beaucoup d'argent, les flatteurs espèrent en recueillir , et le faste ferme la bouche à la censure.

⁓⁓⁓⁓⁓

Les savans ne s'opposent souvent aux nouveaux systèmes, que parce qu'il en coûte à l'amour-propre d'avouer qu'on s'est trompé.

⁓⁓⁓⁓⁓

Il n'y a rien de si précieux que le

tems et rien qu'on dépense si légé-
rement.

~~~~~~~~

La clarté du style est moins le produit du travail que l'effet des lumières :
une glace claire rend les objets avec
netteté.

~~~~~~~~

La somme des maux étant plus
forte que celle des biens, on devrait
appeler les Bohémiens, *diseurs de
mauvaises aventures*.

~~~~~~~~

Quand le public s'occupe de nous ,
soit en bien soit en mal, ne nous
imaginons pas que cette impression
durera long – tems ; les affections de
la multitude sont semblables aux va-
gues de l'Océan, qui se succèdent
sans cesse, et qui tour-à-tour expirent
sur le rivage.

~~~~~~~~

On vit souvent plus heureux avec
une femme coquette qu'avec une
femme de mœurs austères ; il y a des
vices aimables et des vertus haïssables.

~~~~~~~~~~

Nos plus grands malheurs naissent
souvent d'avoir trop aimé les objets
dont il faut se détacher tôt ou tard.

~~~~~~~~~~

Ceux qui paraissent regretter le
bon vieux tems , ou sont de mau-
vaise foi, ou n'ont pas lu l'Histoire.

~~~~~~~~~~

L'homme qu'une circonstance ,
plutôt que son mérite, a placé dans
un poste éminent, ne tarde pas à
faire desirer qu'une autre circonstance le remette à sa vraie place.

~~~~~~~~~~

La poésie est à la prose ce que le
chant est à la parole.

~~~~~~~~~~

La plupart des courtisanes sont
généreuses ; ce qu'on gagne facile-
ment se dépense de même.

~~~~~~~~

Heureux celui qui possède beaucoup de choses et qu'aucune ne possède.

~~~~~~~~

Les hommes livrés aux sciences
exactes peuvent passer, à peu de
frais, pour être fort instruits ; trop
peu de gens sont en état de les juger.

~~~~~~~~

Se vante-t-on d'avoir des amis
puissans ? on est soudain assiégé de
solliciteurs : si leurs démarches sont
infructueuses, on s'en fait autant
d'ennemis !

~~~~~~~~

Le masque de la dévotion est pour
les femmes galantes le déguisement

le plus utile : elles vont à confesse
comme au bain, et l'absolution leur
sert d'éponge.

~~~~~~~~

On dit ordinairement qu'on rêve
le contraire de ce qui arrive; mais
comme le contraire d'un événement
peut arriver de mille manières, les
songes ne sont propres qu'à fatiguer
l'esprit de ceux qui prétendent les
expliquer.

~~~~~~~~

Les amis des sciences ont rarement
de la fortune, et les favoris de la
fortune ont rarement le goût des
sciences.

~~~~~~~~

Si les hommes en place voulaient
se convaincre combien il leur en
coûte peu pour se faire aimer, on
n'aurait à leur reprocher ni dureté
ni impolitesse.

~~~~~~~~

C'est peu de vivre long-tems pour
acquérir de l'expérience, il faut beaucoup voir et bien observer. Tel a plus
vécu en dix ans qu'un autre en cent.

~~~~~~~

Gercourt a plus de plaisir à se
vanter des faveurs que les femmes
lui ont accordées, qu'il n'en a goûté
dans la jouissance.

~~~~~~~

La malveillance est toujours ingé-
nieuse dans l'art d'atténuer le mérite
qui la blesse; jalouse en secret de
toute belle action, elle sait toujours
trouver des motifs qui la consolent
de ne l'avoir pas faite.

~~~~~~~

Ceux qui ne savent pas s'amuser
eux-mêmes, ne doivent pas se plaindre
de ce qu'on leur fait payer leurs amu-
semens.

~~~~~~~

Dans tous les tems les romans de
féeries n'ont trouvé des lecteurs,
que parce qu'à tout âge on aime un
peu la lanterne magique.

Plus nous multiplions nos rapports
avec les productions de la nature,
plus nous augmentons nos jouissances.
Le bonheur de la vie ne se compo-
sant que d'une suite de satisfactions,
les sciences doivent être regardées
comme les bienfaitrices de l'humanité.

Haïr les femmes c'est mal, les
aimer c'est bien, s'en faire aimer
c'est mieux.

La nature, en nous accordant l'i-
magination, nous fait presque partager sa puissance; à l'aide de ce don
précieux nous créons des merveilles,

et cette faculté est celle qui contribue
le plus à faire de l'homme le premier
anneau de la chaîne des êtres.

~~~~~~

Il faut connaître la douce urbanité,
pour attacher du prix aux plaisirs de
l'esprit et aux jouissances du cœur.

~~~~~~

La plupart des gens qu'on traite
d'originaux, ne sont que bizarres. La
bizarrerie est un vice très-commun,
l'originalité est une qualité fort rare.

~~~~~~

Les nouvelles découvertes sont des
fanaux placés sur la route des sciences.

~~~~~~

L'histoire des travers de l'esprit
humain amusera toujours l'observateur qui cherche à voir l'homme

dans ses états alternatifs de force et de faiblesse, de raison et de folie.

~~~~~~~

Peu d'hommes ont l'esprit communicatif, et les savans ne sont pas ceux qui enseignent le mieux.

~~~~~~~

Pour bien jouir du fruit de ses études, il ne faut cultiver que des talens qui servent toute la vie. Un bon jardinier préférera toujours les plantes vivaces aux plantes annuelles.

~~~~~~~

Il est rare d'avoir maintenant des pensées neuves ; mais une pensée, même usée, se fait accueillir à la faveur d'un habit neuf.

NOTES

LE VOYAGE D'ARCY.

(*a*) DE tous les piétons connus, Maurice Spillard est le plus infatigable. Aujourd'hui, âgé de soixante - dix ans, il a fait, toujours à pied, quatre - vingt - dix mille lieues dans ses voyages consacrés à l'avancement des connaissances humaines. Ayant parcouru presque toute l'Europe, la Turquie asiatique, une grande partie de l'Afrique et de l'Amérique; la Floride, la Louisiane, qu'il a croisées dans différentes directions; s'enfonçant dans des contrées encore inconnues, il a remonté le Missouri en suivant son cours pendant plus de mille lieues, et ce fleuve lui paraît être le tronc, dont, suivant lui, le Mississipi ne serait qu'une branche; et quittant le Missouri,

il s'est élevé aux sources de la rivière Rouge,
dans les montagnes de Santa-Fé, où il s'est
porté dix-neuf cents milles plus loin que ne
l'avait fait aucun voyageur avant lui, en
pénétrant jusque dans la nouvelle Ibérie.

(*b*) Dans le seizième siècle on comptait
à Auxerre sept communautés d'hommes ,
deux de femmes, douze églises paroissiales,
six grandes chapelles, dix hôpitaux et
quatre hermitages. On regardait alors cette
ville comme une seconde Sion ; et saint
Bernard dit, dans une de ses épîtres, que
Dieu se plaisait à répandre avec profu-
sion ses graces dans un pays qu'il avait
anobli par une multitude de saints : ces
tems sont bien changés !

Auxerre est une ville très-ancienne. On
y a trouvé plusieurs inscriptions qui attes-
tent qu'elle existait dès le tems de l'empereur Auguste. Le premier nom qu'elle
porta, fut *Autricum ;* l'Itinéraire d'Antonin
l'appelle *Autesiodorum ;* et on lit dans
quelques anciens titres français *Auceurre ,*
qu'on a fini par prononcer *Aucerre.*

Jocodus Sincerus , (Juste Zinzerling),

dans son *Itinéraire de France*, imprimé
en 1627, fait remarquer aux Allemands,
que le vignoble d'Auxerre est dans une
position semblable à celui de Stutgard,
capitale du duché de Wirtemberg; en sorte
que l'Yonne y forme les mêmes expositions
de côteaux, que celles qui sont formées par
le Neker autour de Stutgard.

(*c*) La Gaule celtique était habitée par
plusieurs peuples libres et indépendans; elle
renfermait des villes considérables, telles
que Bibracte, Alise, Langres, Besançon,
Sens, dont l'antiquité est si reculée qu'on
ne peut fixer l'époque de leur fondation.

Les Eduens tenaient le premier rang dans
la Celtique. Leur république comprenait une
grande partie de la Bourgogne et du Lyonnais.
Bibracte (Autun) en était la capitale et passait
pour la plus illustre et la plus opulente ville
des Gaules.

(*d*) Les ammonites, connues vulgai-
rement sous le nom de *Cornes d'Ammon*,
sont les noyaux d'un coquillage fossile,
dont on ne trouve plus les analogues vivans.
C'est une des pétrifications les plus abon-
dantes qui soient en France, notamment

dans la Bourgogne. Buffon cite une ammonite trouvée en Champagne, qui avait huit
pieds de diamètre sur un pied d'épaisseur.
On en rencontre dans les sables, qui sont
si petites, qu'on ne peut les apercevoir qu'à
l'aide d'une loupe. Entre ces deux extrêmes
il y en a de toutes les grandeurs; mais on
n'en connaît que vingt-trois espèces bien
caractérisées.

(e) Cette dent a été trouvée sur le bord
de l'Yonne, auprès de la Maladrerie
d'Auxerre, et l'on vient de découvrir, non
loin de là, sur la même rive, une mâchoire
de crocodile. Cette pétrification est devenue
le sujet de plusieurs controverses. Les uns
prétendent que le crocodile dont elle fesait
partie, était jadis dans le cabinet d'un Naturaliste qui habitait le pays auxerrois lors
du déluge ; les autres, que cet animal,
embarqué sur le coche, s'en était échappé
et avait péri dans la rivière. Quoi qu'il en
soit, on a fait un rapprochement curieux
de cette mâchoire et du lieu qui la recélait :
il existe à Auxerre depuis long-tems un
quartier nommé le Grand-Caire; on y voit
même

même une rue du *Nil;* ne pourrait-on pas croire.......... Mais nous laissons aux Archæologues, le soin d'éclaircir ces faits intéressans.

(*f*) Les Druïdes étaient répandus par toute la Gaule ; une de leurs principales résidences était auprès d'Autun, sur la montagne appelée encore le *Mont Drud;* (Mons Druidarum) et leur siége souverain était à Dreux. Ils avaient un temple à Druyes, (Druya) à cinq lieues d'Auxerre. On y voit encore un souterrain nommé la *cave aux fées*, près duquel sont les ruines d'anciens bâtimens où l'on a trouvé des médailles.

(*g*) Il est peu de lieux anciens dont la position ait plus occupé les savans que le *Bandritum* des tables de Peutinger. D'après ces tables, cet endroit doit se trouver entre Sens et Auxerre. Lebeuf a pensé que Joigny avait été *Bandritum ;* Pasumot a prétendu que ce devait être Bassou : le monument que nous citons ôte l'embarras du choix.

(*h*) Fontenay près de Chablis, Fontenay sous Fouronne, Fontenailles près d'Andrie et enfin Fontenoy en Puisaye, aspirent à la

G

célébrité d'avoir été le théâtre de cet affreux
carnage; mais d'après les recherches de
Pasumot, il paraît certain que ce dernier
endroit est le *Fontanetum* où Nithard place
le lieu de la scène.

On attribue à cette mémorable journée
l'origine d'un statut de l'ancienne coutume
de Champagne, en vertu duquel le *ventre*
anoblissait; c'est-à-dire, comme l'observe
Bodin, « que les *gentilsfemmes* eurent le
droit d'anoblir leurs maris, et cela pour
repeupler la France de l'espèce noble, que
la bataille de Fontenoy avait presque en-
tièrement détruite. »

(*i*) Hério, religieux de Saint-Germain
d'Auxerre, qui vivait il y a neuf cents
ans, commence une description de cette
ville, par des éloges sur la bonté de son vin.

Urbem haud incelebrem Galli posuére priores,
Uberibus, glebis, et opimi munere Bacchi.

Pierre Grognet, natif de Toucy, publia
en 1533 un recueil de poésies où il dit, en
parlant d'Auxerre :

Cité d'Anxerre aimée et renommée,
Ceux de Paris souvent t'ont habitée,
Pour le beau lieu et aussi pour la grume
Dont ton hault bruit plus vault qu'on ne présume.

(*k*) Cette petite ville a souvent été brûlée
faute d'eau, notamment en 1676 et en 1706.
Pour remédier à ce grave inconvénient,
M. d'Aguesseau, alors procureur-général
du parlement de Paris, envoya à Coulange
en 1707 l'ingénieur Couplet, qui découvrit
une source sur une colline voisine, et trouva
le moyen de procurer à la ville trois fon-
taines qui coulent presque toujours. On a
placé sur le frontispice de la première cette
inscription :

Non erat ante fluens, populis sitientibus, unda,
  Ast dedit æternas arte Cupletus aquas.

La joie fut si grande la première fois que
l'eau coula, qu'on élevait Couplet au ciel,
et qu'on le comparait à Moïse frappant le
rocher. On chanta un *Te Deum* solemnel-
lement, et l'on sonna si fort les cloches, que
la plus grosse en fut démontée.

On dit que l'historien Rollin se trouvant
à Coulange, prit tant de plaisir à goûter le
vin du pays, que sa raison en fut troublée;
il fit à cette occasion le distique suivant :

Hic Bacchum et lymphas conjungit fœdere certo
Connubialis amor. Tu semper utrumque marita.

IMITATION.

Le Dieu du vin et la nymphe des eaux
Sont ici réunis par un doux hymenée :
    De cette chaine fortunée
    Ne rompez jamais les anneaux.

A. D.

(*l*) Vóyez dans les *Voyages de Gulliver* le moyen que ce navigateur employa pour conserver le palais de la reine de Lilliput.

(*m*) François Rousseau, natif de Coulange-la-Vineuse, après avoir long-tems voyagé dans les Indes - Orientales, vint s'établir marchand à Paris, où il fut ruiné par le feu de la grand'salle du palais. Dans son infortune il s'avisa de faire de la cire à cacheter, de la manière dont il en avait vu fabriquer aux Indes, et lui donna le nom de *Cire d'Espagne*, pour la diffé-rencier de celle de Portugal, dont on s'était servi jusqu'alors, laquelle était composée de gomme-laque et de vermillon. Madame de Longueville présenta cette cire à Louis XIII, qui l'adopta; la cour et la ville s'empressèrent d'en faire autant, et Rousseau, en moins d'un an, en vendit pour plus de 50,000 livres.

(*n*) Le cit. Lamarck dans son *Hydro-géologie*, examine l'influence des eaux sur le globe terrestre, et établit une théorie curieuse et souvent satisfesante. Après avoir décrit les effets produits par les eaux, il développe les causes qui resserrent celles de la mer. Il résulte de ses observations que l'Océan n'a pas été constamment fixé dans le même lieu, mais qu'il a parcouru plusieurs fois la surface de notre globe. Il conjecture que la révolution complète se fait en neuf millions de siècles.

(*o*) On compare le sol d'Irancy à celui de Nuits dans la haute Bourgogne, en ce que leurs vins se ressemblent beaucoup. Vincelles (*vini cellæ*) sur la rive gauche de l'Yonne, et Vincellotes (*vini cellulæ*) sur la rive droite, sont deux villages où étaient autrefois, comme leur étymologie l'annonce, les entrepôts ou celliers des vins d'Irancy et de Coulange - la - Vineuse. (*coloniæ vinosæ*)

(*p*) Quelques naturalistes, notamment Levaillant, se sont procurés par ce moyen les plus beaux oiseaux de l'Afrique.

(*q*) Buffon qui a visité les Grottes

d'Arcy en observateur, dit dans son *Histoire des Minéraux*, que ces Grottes ne sont
que d'anciennes carrières ; que la colline
dans laquelle elles se trouvent, a été attaquée
par le flanc un peu au-dessus de la rivière
de Cure, et qu'on voit dans quelques endroits les marques des coups de marteau qui
en ont tranché les blocs. On ne peut douter,
ajoute-t-il, que ces excavations, quelque
grandes qu'elles soient, ne doivent leur
origine au travail de l'homme.

(r) Dorat a célébré en vers les Grottes
d'Arcy : voici ceux qui peignent les merveilles qu'on y découvre :

.......Ces beaux salons, de rocailles ornés,
Sans le secours de l'art, avec art ordonnés,
Ces magiques piliers, dont la cime hardie
Observe, en s'élevant, l'exacte symétrie ;
Ces rocs, qui des rubis dardent tous les rayons,
Ce buffet d'orgue prêt à recevoir des sons,
Ces ifs, qui, sans les soins d'une vaine culture,
S'échappent tout taillés des mains de la nature.

Puis-je me rappeler tant d'effets variés,
Sous l'œil contemplateur cent fois multipliés,
Tant d'objets qu'on voit moins qu'on ne les imagine,
Que le caprice seul, à son gré, détermine,

Que plusieurs spectateurs , dans le même moment,
Et sous le même aspect verront différemment ?
Simulacres légers , esquisses imparfaites ,
Qu'efface et que détruit l'instant qui les a faites.

(s) Les grottes où se forment les stalactites et les stalagmites , sont communes ; il
y en a dans presque tous les pays. Celle du
Chablais, qu'on appelle la *Grotte des Fées*,
est située dans des rochers affreux , au milieu d'une forêt d'épines , à deux petites
lieues de Ripaille. Ce sont, dit Voltaire dans
son *Dict. encyclop.*, trois grottes en voûte,
l'une sur l'autre , taillées à pic par la nature, dans un roc inabordable.

L'eau qui distille de la voûte supérieure,
y a formé, dit-on, la figure d'une poule qui
couve ses poussins ; auprès de cette poule
est une autre concrétion qui ressemble parfaitement à un morceau de lard avec sa
couenne. Dans le bassin de cette même
grotte , on trouve des figures de pralines ,
et à côté, la forme d'un rouet avec sa quenouille. Les femmes des environs prétendent
avoir vu, dans l'enfoncement, une femme
pétrifiée ; mais les observateurs ne voient
plus cette femme, qui probablement a fait
nommer cette caverne la *Grotte des Fées*.

Maintenant, que des gens qui aiment le merveilleux raisonnent sur ce jeu de la nature, ne pourraient-ils pas dire : Voilà des pétrifications véritables ; cette grotte était autrefois habitée par une femme ; elle filait au rouet, son lard était pendu au plancher, elle avait auprès d'elle sa poule et ses poussins, elle mangeait des pralines lorsqu'elle fut changée en rocher elle et ses poulets, et son lard, et son rouet, et sa quenouille, et ses pralines, comme Edith, femme de Loth, fut changée en statue de sel.

(t) Buffon étant descendu, en 1759, dans les grottes d'Arcy pour la seconde fois, c'est-à-dire, dix-neuf ans après sa première visite, trouva une augmentation de volume très-sensible, et plus considérable qu'il ne l'avait imaginé. Il n'était plus possible de passer par les mêmes défilés qu'il avait suivis en 1740. Les voûtes étaient devenues trop étroites ou trop basses ; les cônes et les cylindres s'étaient alongés, les incrustations s'étaient épaissies, et il jugea qu'en supposant égale l'augmentation successive de ces concrétions, il ne faudrait peut-être pas deux siècles pour achever de remplir la plus grande partie de ces excavations.

(*u*) Une des plus singulières et des plus
grandes cavernes que l'on connaisse, est
celle d'Antiparos, dont Tournefort nous a
donné une ample description. On trouve
d'abord une caverne rustique d'environ
trente pas de largeur, partagée par quelques piliers naturels ; entre les deux piliers qui sont sur la droite, il y a un terrain en pente douce, et ensuite, jusqu'au
fond de la même caverne, une pente plus
rude, d'environ vingt pas de longueur ;
c'est le passage pour aller à la grotte inté-
rieure, et ce passage n'est qu'un trou fort
obscur, par lequel on ne saurait entrer
qu'en se baissant, et au secours des flambeaux.

On descend d'abord dans un précipice
horrible, à l'aide d'un cable qu'on prend la
précaution d'attacher à l'entrée ; on se coule
dans un autre bien plus effroyable, dont les
bords sont fort glissans, et qui répondent
sur la gauche à des abymes profonds. On
place sur le bord de ce gouffre une échelle,
au moyen de laquelle on franchit, en tremblant, un rocher tout-à-fait coupé à plomb ;
on continue à glisser par des endroits un

G *

peu moins dangereux; mais dans le tems
qu'on se croit en pays praticable, le pas le
plus affreux vous arrête tout court, et on
s'y casserait la tête, si on n'était averti ou
retenu par ses guides. Pour le franchir, il
faut se couler sur le dos, le long d'un
gros rocher, et descendre une échelle qu'il
faut y porter exprès. Quand on est arrivé
au bas de l'échelle, on se roule quelque
tems encore sur des rochers, et enfin on arrive dans la grotte. On compte 300 brasses
de hauteur depuis la surface de la terre. La
grotte paraît avoir quarante brasses de hauteur sur cinquante de largeur; elle est remplie de belles et grandes stalactites de différentes formes.

Que l'on compare maintenant l'excavation des grottes d'Arcy avec celle de la
grotte d'Antiparos : l'une offre la nature
dans toute son âpreté; c'est un monceau de
ruines où les eaux se sont fait un passage ;
l'autre présente une sorte de distribution
régulière, un terrain presque nivelé, des
blocs de pierre taillés symétriquement, et
le tout recouvert de concrétions qui n'ont
point encore déguisé le travail des hommes.

(ν) La position de ce lieu est une des plus intéressantes à connaître pour l'histoire : Ammien Marcellin est l'auteur le plus ancien qui en ait parlé. En décrivant la route que Julien, lorsqu'il n'était encore que César, suivit l'an 556 pour aller de Vienne en Dauphiné dans la Belgique, il fait mention d'un lieu nommé *Chora*, situé entre *Sidolocum* (Saulieu) et *Autosidorum* (Auxerre).

La Notice de l'Empire, rédigée vers l'an 400, parle encore de ce lieu, mais sans en désigner la situation. On y lit : *Præfectus Sarmatorum, Gentilium à Chorâ Parisios usque.* Le préfet des Sarmates au service de l'Empire, sera logé, avec ses troupes, depuis Chora jusqu'à Paris.

De tous ceux qui se sont occupés de retrouver le véritable emplacement de Chora, aucun ne l'a fait d'une manière plus satisfesante que Pasumiot ; il a recherché et suivi avec soin les vestiges de la voie romaine, parcouru en observateur habile tous les lieux qui l'avoisinent, et presque constaté la position de l'antique *Chora*.

Mais que ces ruines aient appartenu à

Chora ou à toute autre ville, il n'en est pas
moins certain qu'elles annoncent un établis-
sement qui a dû être considérable au moyen
âge. Or il n'y a point de pierres à bâtir
plus belles et plus voisines que celles d'Arcy;
il est donc naturel de croire que l'excavation des grottes remonte à l'origine de la
fondation de cette ville, c'est-à-dire, à environ deux mille ans; et cette longue suite
de siècles est plus que suffisante pour produire toutes les concrétions qui tapissent
cette carrière.

(*x*) Dans le pays, on nomme ce plateau
Ville-Auxerre. Le nom de *Cora* ou *Chora*
était commun au lieu et à la rivière. La
Cure, dans le patois bourguignon, se pro-
nonce la *Cœure*. La dénomination de *vicus
Coræ* ou *vicus ad Choram*, ayant été fran-
cisée, on a insensiblement prononcé Vic-à-
Cœure, Ville-à-Cœure, Ville-à-Cerre, puis,
par analogie avec Auxerre, *Ville-Auxerre*.
Telles sont les conjectures de Pasumot sur
cette étymologie, qui vaut bien celle d'*Al-
fana*.

TABLE

DES MATIÈRES.

Fin de la table.

www.ingramcontent.com/pod-product-compliance
Lightning Source LLC
Chambersburg PA
CBHW060801110426
42739CB00032BA/2386